春秋左傳註評測義

（第四册）

UESTCP

电子科技大学出版社

第四册目録

春秋左傳注評測義　卷之四十二……三
春秋左傳注評測義　卷之四十三……二三
春秋左傳注評測義　卷之四十四……四五
春秋左傳注評測義　卷之四十五……六五
春秋左傳注評測義　卷之四十六……八七
春秋左傳注評測義　卷之四十七……一二七
春秋左傳注評測義　卷之四十八……一五一

春秋左傳注評測義　卷之四十九……一七七
春秋左傳注評測義　卷之五十……二〇五
春秋左傳注評測義　卷之五十一……二二九
春秋左傳注評測義　卷之五十二……二五五
春秋左傳注評測義　卷之五十三……二八三
春秋左傳注評測義　卷之五十四……三二一
春秋左傳注評測義　卷之五十五……三五三

左氏傳測義

13

自四十二
至四十五

春秋左傳註評測義卷之四十二

明吳興後學凌稚隆輯著

襄公十一

經 丙辰 二十有八年春無冰。杜預氏云前年再失閏頃置兩閏故此年正月建子書無冰爲災也 ○夏衛石惡出奔晉。甯喜之黨書名惡之 ○邾子來朝 ○秋。八月大雩。○仲孫羯如晉。告將朝楚 ○冬。齊慶封來奔。崔杼之黨書名惡之杜預氏云自魯奔吳不書以絕位不爲卿也 ○十有一月公如楚。經書諸夏之君旅見於楚始此。○林堯叟氏曰書公朝王所以見王業之衰書公如楚所以見霸業之衰 ○十有二月甲寅。天王崩。靈王也 ○乙未。楚子昭卒。康王也杜預氏云甲寅乙未不得同月日誤傳二十八年春無冰梓慎曰今茲宋鄭其饑乎歲在星紀而淫於玄枵以有時菑陰不堪陽蛇乘龍龍宋鄭之星也宋鄭必饑玄枵虛中也枵耗名也土虛而民耗不饑何爲梓慎魯大夫歲歲星也星紀在丑斗牛之次玄枵在子虛危之次淫過也是歲歲星應在星紀明年應在玄枵今已在玄枵過行失次故致時有無冰之災是陰不勝陽地氣發洩也斗牛女虛危室壁在北爲玄武蛇象角亢氐房心尾箕在東爲蒼龍象歲星木失次出虛危下是爲蛇所乘龍在東方角亢氐兗州爲鄭房心尾豫州爲宋故龍爲宋鄭之星玄枵三宿虛星在其中取名爲枵枵之爲義耗也歲星過入虛耗之次時復無冰地氣盡洩而宋鄭當歲星之分野故度二國必饑○

附録夏齊侯陳侯蔡侯北燕伯杞伯胡子沈子白狄朝于晉宋之盟故也前年宋盟曰晉楚之從交相見故陳蔡胡沈屬楚之國皆朝晉北燕

未通中國不屬晉楚而亦同朝或有慕也齊侯將行慶封曰我不與盟何爲於晉陳文子曰先事後賄禮也小事大未獲事焉從之如志禮也雖不與盟敢叛晉乎重丘之盟未可忘也子其勸行我不與盟以宋盟釋齊秦也文子言小國之事大國當先從其政事而後陳其貢賦若未獲大國所命之事當先順從其志蓋欲齊朝者晉之志也重丘盟在二十五年○衛人討甯氏之黨故石惡出奔晉衛人立其從子圃以守石氏之祀禮也惡之先祐有大功于國惡之罪不及不祀故云禮○邾悼公來朝時事也脩時事於魯杜預氏云傳言來朝非宋盟宋盟惟朝於晉楚○秋八月大雩旱也○蔡侯歸自晉入于鄭鄭伯享之不敬蔡侯不敬子產曰蔡侯其不免乎日其過此也君使子

展廷勞於東門之外。而傲。吾曰。猶將更之。今還受享而惰。乃其心也。君小國事大國。而惰傲以為己心。將得死乎。若不免。必由其子。其為君也。淫而不父。僑聞之。如是者恒有子禍。不免不免於禍日往日也過此謂過鄭朝晉之時廷往也更更攺其所為也乃其心言不敬乃其中心不能敬也淫言其過大子班之妻杜預氏云為二十年蔡大子班弒其父傳〔廷〕音往〔勞〕去聲〔更〕音庚○孟孝伯如晉。告將為宋之盟故如楚也。魯晉屬故告晉而行〔為〕去聲○附錄蔡侯之如晉也。鄭伯使游吉如楚。及漢。楚人還之。曰。宋之盟。君實親辱。今吾子來。寡君謂吾子姑還。吾將使馹奔問諸晉而以告。君謂鄭伯鄭伯獨不朝而游吉往楚以違宋盟拒之馹傳車也問晉問鄭君應來朝否子大叔曰宋之盟君命將利小國而亦使安定其社稷鎮撫其民人以禮承天之休此君之憲令而小國之望也寡君是故使吉奉其皮幣以歲之不易聘於下執事今執事有命曰女何與政令之有必使而君弃而封守跋涉山川蒙犯霜露以逞君心小國將君是望敢不唯命是聽無乃非盟載之言以闕君德而執事有不利焉小國是懼不然其何勞之敢憚憲法也吉子大叔名不易凶荒也以歲荒不得自朝之故來聘於楚有命有二命也何與政令言不得與楚之政令也而汝逞快也易去聲女音汝與音預子大叔歸復命告子展曰楚子將死矣不脩其政德而貪昧於諸侯以逞其願欲久得乎周

易有之在復䷗之頤䷚曰迷復凶其楚子之謂乎欲復其願而弃其本復歸無所是謂迷復能無凶乎君其往也送葬而歸以快楚心楚不幾十年未能恤諸侯也吾乃休吾民矣周易震下坤上復震下艮上頤迷復凶復上六爻辭言以陰柔居上迷於復善之道所以凶也今楚欲得鄭朝以復其願而不脩其德失道已遠又無所歸是謂迷而不復故知必死君往當送其葬幾近也復卦上六有十年不克征之辭故云不幾十年恤憂也言不能憂恤諸侯而召之會盟也休吾民言不能復爲難也裨竈曰今茲周王及楚子皆將死歲弃其次而旅於明年之次以害鳥帑周楚惡之裨竈鄭大夫旅客處也歲星弃星紀之次而客於玄枵禍衝在南南爲朱鳥鳥尾曰帑鶉火鶉尾周楚之分故周楚受其咎〔帑〕音奴〔惡〕去聲○附錄九月鄭游吉如晉告

將朝于楚以從宋之盟子產相鄭伯以如楚舍不爲壇舍止也爲壇謂於所止處除地封土爲壇以受郊勞外僕言曰昔先大夫相先君適四國未嘗不爲壇自是至今亦皆循之今子草舍無乃不可乎外僕掌次舍者草苟簡也子產曰大適小則爲壇小適大苟舍而已焉用壇僑聞之大適小有五美宥其罪戾赦其過失救其菑患賞其德刑教其不及小國不困懷服如歸是故作壇以昭其功宣告後人無怠於德小適大有五惡說其罪戾請其不足行其政事共其職貢從其時命不然則重其幣帛以賀其福而弔其凶皆小國之禍也焉用作壇以昭其禍所

以告子孫無昭禍焉可也。苟舍即草舍意罪戾有心而犯者過失無心而犯者刑法也說解說也請謝也時命謂大國朝會之命無昭禍言子孫當自強立國無如先世微弱聽命于人以禍自昭也

○齊慶封好田而耆酒。與慶舍政。則以其內實遷于盧蒲嫳氏。易內而飲酒。數日。國遷朝焉。使諸亾人得賊者以告而反之。故反盧蒲癸。舍慶封子封當國不自爲政以付其子而以寶物妻妾移居嫳家易內交易妻妾也封雖與舍政猶有當國之重故國之卿大夫皆就嫳家朝封亾人辟崔氏難出奔者崔氏名之爲賊故封使諸逃亾得賊名而出者以情告而悉反之〔好〕去聲

癸臣子之有寵。妻之。慶舍之士。謂盧蒲癸曰。男女辨姓。子不辟宗。何也。曰。宗不余辟。余獨焉辟之。賦詩斷章。余取所求焉。惡識宗。臣臣事之子子之即舍辨別也慶氏盧蒲氏皆姜姓故

使辟宗癸言慶舍之宗不辟我我何獨辟之賦詩或斷章取義余亦欲取所求于心者而已蓋志欲爲莊公報讐也(辟)音避(惡)音烏

癸言王何而反之二人皆嬖使執寢戈而先後之公膳日雙雞饔人竊更之以鶩御者知之則去其肉而以其洎饋子雅子尾怒慶封告盧蒲嫳盧蒲嫳曰譬之如禽獸吾寢處之矣

癸與王何皆莊公之黨癸欲爲莊公報讐故旣反何復求寵于慶氏寢戈親近兵杖也公膳公家食諸大夫之膳饔人廚宰也御進食者鶩鴨也洎肉汁也癸何謀使諸大夫怨慶氏故令減其膳子雅卽公孫竈子尾卽公孫蠆皆惠公孫以減膳故怒封封以二子怒告嫳寢處之言能殺而席其皮也(鶩)音木(洎)音朴

使析歸父告晏平仲平仲曰嬰之衆不足用也知無能謀也言弗敢出有盟可也子家曰子之言云又焉用盟

平仲晏弱之子慶氏

使歸父告平仲欲與共謀二子言弗敢出恐洩謀也子家卽歸父(知)音智告北郭子車子
車曰人各有以事君非佐之所能也子車名佐齊大夫陳文
子謂桓子曰禍將作矣吾其何得對曰得慶氏之木
百車於莊文子曰可慎守也已桓子文子之子無宇何得當得何物也道
六達謂之莊塒慶氏有木積于莊桓子所欲惟此故文子稱其慎守盧蒲癸王何卜攻
慶氏示子之兆曰或卜攻讎敢獻其兆子之曰克見
血癸何旣定謀反獻龜兆於舍見血主殺戮也冬十月慶封田于萊陳無
宇從丙辰文子使召之請曰無宇之母疾病請歸慶
季卜之示之兆曰死奉龜而泣乃使歸慶嗣聞之曰
禍將作矣謂子家速歸禍作必於嘗歸猶可及也子

家弗聽。亦無悛志。子息曰。亾矣。幸而獲在吴越。無宇欲脫歸詐以母病爲辭見兆而泣以見其誠嗣慶封族子家即慶封嘗秋祭名猶可及猶及免禍也悛改悟也子息即嗣言慶氏必亾或者出奔得在吴越則幸矣【幸】芳勇反○陸粲氏曰當是時慶氏之惡已熟無愚智能識其亾矣若非獲在吴越則子息者非瞽史惡從知之陳無宇濟水而戕舟發梁。戕殘發壞也無宇既歸濟水絕其歸路不使慶封得救難【戕】在羊反盧蒲姜謂癸曰。有事而不告我。必不捷矣。癸告之。姜曰。夫子愎。莫之止。將不出。我請止之。癸曰。諾。盧蒲姜癸之妻慶舍之女捷勝也夫子謂舍姜知其父剛愎自用乃譎以其謀告之而激之使出嘗祭○愚按盧蒲姜爲其夫謀則善矣而忘其父雍姬爲其父謀則善矣而忘其夫不若嬴氏之於晋懷不敢言亦不敢從父道也夫道也庶幾其無愧矣十一月乙亥。嘗于大公之廟。慶舍涖事。盧蒲姜告之。

且止之弗聽曰誰敢者遂如公麻嬰爲尸慶奊爲上獻盧蒲癸王何執寢戈慶氏以其甲環公宮陳氏鮑氏之圉人爲優慶氏之馬善驚士皆釋甲束馬而飲酒且觀優至於魚里欒高陳鮑之徒介慶氏之甲子尾抽桷擊扉三盧蒲癸自後刺子之王何以戈擊之解其左肩猶援廟桷動於甍以俎壺投殺人而後死遂殺慶繩麻嬰涖事臨祭事也言誰敢見其愎也如公至公所也尸祭尸也上獻先獻也廟在公宮之內慶氏以其私甲環公宮亦備變也優排戲也善猶慣也束絆之也陳鮑使圉爲排優以誘其衆遂皆釋其甲束其馬而遠就魚里觀之故四族得介其所釋之甲四族謂欒子雅高子尾陳須無鮑國介因也桷椽也扉門闔也子尾以桷擊扉者三以爲期甍屋棟也俎壺皆祭器舍雖傷重猶能援大廟

之椽動於屋角又以俎與壺投殺人而後死言其有力也慶繩即慶奊[大]音泰[奊]戶結反[桷]音角[扉]音非[甍]音萌○愚按癸何嬖人爾區區懷其君煦嫗之恩謀除慶氏而其朝之賢卿大夫顧不聞有剚手以衝亂臣之胷者如申鮮虞所識君昏不能匡危不能救死不能死獨閭丘嬰乎哉君子曰千乘之齊有二嬖人而已亦足悲夫

公懼。鮑國曰。羣臣爲君故也。陳須無以公歸。稅服而如內宮。爲君言欲尊公室非爲亂也稅祭服稅服入內宮懼外難也[爲]去聲

慶封歸。遇告亂者。丁亥。伐西門。弗克。還伐北門。克之。入伐內宮。弗克。反陳于嶽。請戰。弗許。封以陳鮑在公所故伐內宮嶽里名[陳]直覲反

遂來奔。獻車於季武子。美澤可以鑑。展莊叔見之。曰。車甚澤。人必瘁。宜其亡也。叔孫穆子食慶封。慶封氾祭。穆子不說。使工爲之誦茅鴟。亦不知。澤光澤也

鑑照也展莊叔魯大夫瘁困也言竭民力而爲車人必困瘁禮食必每品各出少許置豆間以祭示有所先也氾祭遠散所祭不恭也工樂師茅鴟逸詩名刺不敬亦不知言其闇甚也〔氾〕芳劒反〔説〕音悦○愚按襄二十七年傳載慶封車美一節與此無異左氏何以故重複言之且二三大夫所譏咲者堇堇車服飲食之細而於弑逆大故魯曾不齒也何其言之無當一至於此石祁子一言而猛獲臨曰天下之惡一也豈魯獨無石祁其人乎

既而齊人來讓。奔吳。吳句餘予之朱方。聚其族焉而居之。富於其舊。子服惠伯謂叔孫曰。天殆富淫人。慶封又富矣。穆子曰。善人富謂之賞。淫人富謂之殃。天其殃之也。其將聚而殲旃。來讓讓受慶封也句餘吳子夷末也朱方吳邑今爲南直隸丹徒縣殲盡旃之也言將聚封之族而盡殺之杜預氏云爲昭四年殺慶封傳〔句〕古侯反〔予〕音與〔殲〕子潛反○附録

癸巳。天王崩。未來赴。亦未書。禮

也。終裨竈言杜預氏云嫌時已開喪當書故發例○附錄崔氏之亂喪羣公子。故鉏在魯叔孫還在燕賈在句瀆之丘及慶氏亡皆召之具其器用而反其邑焉。崔氏之亂在二十一年喪亡也鉏公子鉏賈公子賈反還也喪去聲句音勾瀆音豆與晏子邶殿其鄙六十弗受子尾曰富人之所欲也何獨弗欲對曰慶氏之邑足欲故亡吾邑不足欲也益之以邶殿乃足欲足欲亡無日矣在外不得宰吾一邑不受邶殿非惡富也恐失富也且夫富如布帛之有幅焉爲之制度使無遷也夫民生厚而用利於是乎正德以幅之使無黜嫚謂之幅利利過則爲敗吾不敢貪多所謂幅也與北郭佐邑六十受之。邶殿齊別都以邶殿之邊鄙六十與晏子足厭足也外亾在外也幅邊幅踰有度也遷移也言厚利皆人所欲惟正德以為之幅則有度而無黜嫚所以為利之邊幅黜猶肆也〔邶〕蒲對反〔惡〕去聲與子雅邑。辭多受少。辭其多者受其少者與子尾邑受而稍致之。公以為忠。故有寵。致還公也釋盧蒲嫳于北竟。釋放也〔竟〕音境求崔杼之尸。將戮之。不得。叔孫穆子曰。必得之。武王有亂十人。崔杼其有乎。不十人不足以葬。既崔氏之臣曰。與我其拱璧。吾獻其柩。於是得之。十二月。乙亥朔。齊人遷莊公殯于大寢。以其棺尸崔杼於市。國人猶知之。皆曰崔子也。崔慶同罪故臧慶而卽治崔前藏杼尸故不得亂治也武王有同心之臣十人崔氏用十人以葬不能使十人同心故其中必有自陳者已而果然合兩手曰拱二十五年崔氏側莊公于北郭今始遷其柩更殯之路寢以其棺着崔杼尸邊以章其罪始求杼尸不得嫌以他尸代之故云國人皆知之（大）音泰○陸粲氏曰𣅜人必於其倫武王崔杼若是班乎其比而同之也此非叔孫子所宜言齊東野人之語爾君子曰崔杼而有臣也亦將輔之以誼使生爲純臣死得良死若是一而足矣奚待十人而後葬也

○爲宋之盟故。公及宋公陳侯。鄭伯許男如楚。宋盟在前年（爲）去聲○趙鵬飛氏曰率天下朝楚明告于晉晉不得而辭也尚得以宋之盟爲晉楚之功乎

公過鄭。鄭伯不在。伯有廷勞於黄崖。不敬。穆叔曰。伯有無戾於鄭。鄭必有大咎。敬民之主也。而弃之。何以承守。鄭人不討。必受其辜。濟澤之阿。行潦之蘋藻。寘諸宗室。季蘭尸之。敬也。敬可弃乎。鄭伯已在楚故不在國廷往也黄崖黄水之崖戾罪咎害也言伯有若不以罪而受戮鄭國必受其害承

承先祖守守其家阿陵也濟澤之阿言薄土也行潦流水也蘋水萍藻水草言賤菜也寘猶荐也女佩蘭而馨故云季蘭尸主也言取蘋藻之菜於阿澤中使季蘭爲之主神猶享之以其敬也古者女將行嫁就宗子之室教之以四德三月教成設祭于宗子之廟故云然杜預氏云爲三十年鄭殺良霄傳[廷]音往[勞]去聲

及漢。楚康王卒。公欲反。叔仲昭伯曰。我楚國之爲。豈爲一人行也。子服惠伯曰。君子有遠慮。小人從邇。饑寒之不恤。誰遑其後。不如姑歸也。叔孫穆子曰。叔仲子專之矣。子服子始學者也。榮成伯曰。遠圖者。忠也。公遂行。昭伯叔仲帶也邇近遑暇也言饑寒在目前尚不憂恤誰暇憂後事仲子即昭伯專足專任也始學未識遠也成伯榮駕鵞也[爲]並去聲宋向戌曰。我一人之爲。非爲楚也。饑寒之不恤。誰能恤楚。姑歸而息民。待其立君而爲之備宋公遂反。孔頴達氏曰昭伯欲令公行故以國大勸公言大國可畏向戍欲令公還故以若身規公言君欲宜反意異故言異爾○附録楚屈建卒趙文子喪之。如同盟禮也。宋盟有衷甲之隙不以此廢好故云禮○愚按昭伯以遠慮辱魯君安得爲忠趙孟以同盟厚楚臣安得爲禮○王人來告喪問崩日以甲寅告故書之以徵過也。徵明也實十一月癸巳崩而以十二月甲寅告故書十一月甲寅以明臣子怠緩之過

春秋左傳註評測義卷之四十二終

春秋左傳註評測義卷之四十三

明吳興後學凌稚隆輯著

襄公十二

[經]丁巳周景王元年二十有九年楚郟敖元年春王正月。公在楚○夏五月。公至自楚。○庚午衛侯衎卒。無傳衎苦旦反○閽弒吳子餘祭。穀梁傳云閽門者也不稱君閽不得君其君也祭側界反○仲孫羯會晉荀盈齊高止宋華定衛世叔儀鄭公孫段曹人。莒人滕人薛人小邾人城杞。杞居謁反○汪克寬氏曰齊桓恤杞而城緣陵事雖專而心則公故春秋書曰諸侯城緣陵不曰城杞而曰城緣陵所以隱其專也晉平治杞而城之以大夫心既私而事亦悖故春秋列序十有一國之大夫而曰城杞所以著其失也○晉侯使

士鞅來聘○杞子來盟。○李燾氏曰此非前定之盟亦非因朝之盟蓋晉之治杞田非出乎公義魯之歸杞田非出○吳子使札來聘。誠心故杞子親來以要結之耳

札季札也經于吳始書聘書子于吳驟強也公羊傳云謁也餘祭也夷昧也與季子同母者四季子弱而才兄弟皆愛之同欲立之以爲君謁曰今若是迮而與季子國季子猶不愛也請無與子而與弟弟兄迭爲君而致國乎季子皆曰諾故諸爲君者皆輕死爲勇飲食必祝曰天苟有吳國尚速有悔于予身故謁也死餘祭也立餘祭也死夷昧也立夷昧也死則國宜之季子者也季子使而亡焉僚者長庶也即之季子使而反至而君之爾闔廬曰先君之所以不與子國而與弟者凡爲季子故也將從先君之命歟則國宜之季子者也如不從先君之命歟則我宜立者也僚惡得爲君乎於是使鱄諸刺僚而致國乎季子季子不受曰爾弒吾君吾受爾國是吾與爾爲弒也爾弒吾兄吾又殺爾是父子兄弟相弒終身無已也去之延陵終身不入吳國故君子以其不受爲義以其不殺爲仁○愚按經書吳子使札來聘公羊云吳始有

君有大夫賢季子讓國也穀梁云吳稱子善使延陵季子故進之也然書法無異于鬭越椒西乞術則非賢之之辭劉質夫云札辭國而生亂故去公子以示貶而胡康侯因之謂仲尼于季子望之深責之備也噫若札者迹其絜身獨善豈不爲清修之士哉特以貴戚舊臣人望所歸國亂而不能定君弒而不能討徒知守節竟廢大倫盖所謂輕千乘之國而蹈道則未者此春秋所以不與也若其不稱公子以未爲卿故而稱名則大夫恒辭爾矧札之辭國在聘魯二十九年之後仲尼安得預去公子而貶之程端學氏云春秋即此事而論此事之義未嘗因此事而論他事之善惡斯言得之矣○秋九月。葬衛獻公。無傳○齊高止出奔北燕。此經書北燕之始○冬仲孫羯如晉。

傳 二十九年春王正月。公在楚。釋不朝正于廟也。釋辭也經書在楚解公所以不得親自朝正○愚按前後正月公不在例不書何獨于此釋不朝正乎齊胥履謙氏謂季氏無君故正月必存君以示義是也　楚人使公親襚。公患之。穆叔曰。祓殯而襚。則布幣也。乃使巫以桃茢先祓殯。楚人弗禁。既而悔之。諸侯薨隣國有遣使賵襚之禮楚人輕魯欲使公親行之故公以爲患朝禮兩君相見先授玉然後致享乃布陳幣帛于庭穆叔謂公若使巫人先往祓除殯之凶邪而後行襚禮則與行朝而陳幣帛無異如是不足爲患桃鬼所惡茢苕箒皆能除凶此君臨臣喪之禮故楚悔之祓音弗茢音列○愚按先是公行及漢聞楚喪欲還則康王卒在公未至前公至當已殯矣襚所以衣尸既殯豈容又使公親襚乎要是止公送葬則有之　○附録二月。癸卯。齊人葬莊公于北郭。周禮凡死于兵者不入兆域故葬北郭　○附録夏四月。葬楚康王。公及陳侯。鄭伯。許男。送葬。至于西門之外。諸侯之大夫皆至于墓。楚郟敖卽位。王子圍爲令尹。鄭行人子羽曰。是謂不宜。必代之昌。松栢之下。其草不殖。鄭敖康王子熊麇也子圍康王弟昌盛也松栢喻令尹草喻君言君弱臣強令尹必代其君昌盛辟之松栢之下其草必不長茂也杜預氏云爲昭元年圍弒郟敖起本○公還。及方城。季武子取卞。使公冶問。璽書追而與之。曰。聞守卞者將叛。臣帥徒以討之。既得之矣。敢告。公冶致使而退。及舍而後聞取卞。方城楚山卞魯邑季氏乘公不在國取之以自益使其屬大夫公冶問公起居以印信之書追而與之言守卞者將叛既討而得之皆飾辭也致使致季氏之使命舍舍館也公冶初不知至舍館發書始知之使去聲公曰。欲之而言叛。衹見疏也。公問公冶曰。吾可以入乎。對曰。君實有國。誰敢違君。公與公冶冕服。固辭。強之而後受。公欲無入。榮成伯賦式微。乃歸。

五月。公至自楚。祗適也公言季氏自欲得卞而欺我言叛適以見疏於我也故懼而不敢入國冕服御服玄冕也式微詩邶風篇義取式微微胡不歸微君之故胡爲乎中露盖勸公歸也强上聲公冶致其邑於季氏。而終不入焉。曰。欺其君。何必使余。季孫見之。則言季氏如他日。不見則終不言季氏。及疾。聚其臣。曰。我死。必無以冕服斂。非德賞也。且無使季氏葬我。公冶本從季氏得邑故還之見之就其家而見也其臣大夫家臣也非德賞言公爲季氏而賞非以我有德也公冶不義季氏欺君故生不入其家死不受其葬斂去聲○附錄

葬靈王。靈王周王也不書葬魯不會也鄭上卿有事。子展使印段往。伯有曰。弱不可。子展曰。與其莫往。弱不猶愈乎。詩云。王事靡盬。不遑啓處。東西南北。誰敢寧處。堅事晉楚。

以蕃王室也。王事無曠。何常之有。遂使印段如周。時鄭伯在楚子展爲上卿守國故云有事務年少官卑也詩小雅四牡篇盬不堅固也啓跪也詩言王事不堅固故不得閒暇而跪處今鄭之上卿皆驅馳于四方誰敢有安處其國者蓋固事晉楚亦所以爲王室之蕃屛也供王室之事無有曠失足矣亦何常法之有而必欲上卿往也杜預氏云傳言周襄卑于晉楚盬音古〇吳人伐越獲俘焉。以爲閽。使守舟。吳子餘祭觀舟。閽以刀弒之。〇愚按曲禮刑人不在君側祭統古者不使刑人守門刎獲越俘而令守舟乎吳之諸君如謁如餘祭如僚往往輕以蹈禍春秋所以書示戒也⊙附錄鄭子展卒。子皮即位。於是鄭饑。而未及麥。民病。子皮以子展之命餼國人粟戶一鍾。是以得鄭國之民。故罕氏常掌國政。以爲上卿。宋司城子罕聞之。曰。鄰於善。民之望也。子皮即罕虎代父為上卿時子皮在喪故以父命餼猶饋也六斛四斗曰鍾隣近也言近於善人民亦望君為善【餼】希去宋亦饑。請於平公。出公粟以貸。使大夫皆貸。司城氏貸而不書。為大夫之無者貸。宋無饑人。叔向聞之曰。鄭之罕。宋之樂。其後亾者也。二者其皆得國乎。民之歸也。施而不德。樂氏加焉。其以宋升降乎。貸而不書於策施而不以為德也罕子皮氏樂子罕氏得國得掌國政加猶勝也以宋升降隨宋以為與衰也【為施】俱去聲○晉平公。杞出也。故治杞。六月。知悼子合諸侯之大夫以城杞。孟孝伯會之。治理其田脩其城也知音智鄭子大叔與伯石往。子大叔見大叔文子。與之語。文子曰。甚乎其城杞也。子大叔曰。若之何哉。晉國不恤周宗之闕而夏肆是屏其棄諸姫亦可知也已諸姬是棄其誰歸之吉也聞之棄同即異是謂離德詩曰協比其隣昏姻孔云晉不隣矣其誰云之經不書大叔不親事也伯石即公孫段文子即衛世叔儀周宗周之同宗即諸姬國也斬而復生曰肆謂杷也方言云肆猶餘也屏城以衛之也吉于大叔名同同宗異異姓詩小雅正月篇孔甚也云猶旋歸之也詩言于者協比近親則昏姻之國歸附今晉棄諸姬不親其親其誰歸附之肆遷移去

○附錄

齊高子容與宋司徒見知伯女齊相禮子容高止司徒華定知伯荀盈女齊司馬侯女知去聲女音汝相去聲賓出司馬侯言于知伯曰二子皆將不免子容專司徒侈皆亾國之主也知伯曰何如對曰專則速及侈將以其力斃專則人實斃之將及矣侈雖無節無與于人

猶待力盡然後亡專則自是人謀害之不待巳力盡而亡所以其禍爲尤速杜預氏云爲此秋高止出奔燕昭二十年葬定出奔陳傳

○范獻子來聘拜城杞也謝魯爲杞城也公享之展莊叔執幣射者三耦公臣不足取於家臣家臣展瑕展王父爲一耦公臣公巫召伯仲顏莊叔爲一耦鄫鼓父黨叔爲一耦執幣將以獻賓也二人爲耦言公室卑弱公臣不足以備三耦故取於家臣以足其數召音邵

○晉侯使司馬女叔侯來治杞田弗盡歸也司馬女叔侯即司馬侯使魯歸前侵杞之田魯弗盡以侵田歸杞杜預氏云經不書以所歸少也女音汝晉悼夫人慍曰齊也取貨先君若有知也不尚取之悼夫人平公母杞女也齊叔侯名先君晉悼公也夫人言齊受魯貨賂故不盡歸杞田先君有知尚取齊於地下治之乎公告叔侯叔侯曰虞虢焦滑霍

揚韓魏皆姬姓也晉是以大若非侵小將何所取武獻以下兼國多矣誰得治之杞夏餘也而即東夷魯周公之後也而睦於晉以杞封魯猶可而何有焉魯之於晉也職貢不乏玩好時至公卿大夫相繼于朝史不絕書府無虛月如是可矣何必瘠魯以肥杞且先君而有知也毋寧夫人而焉用老臣八國皆晉同姓而晉滅之所以土地廣大武武公獻獻公即東夷行夷禮也何有何必盡歸杞田也朝晉朝不絕書書魯朝聘不絕也府府庫無無虛月無月不受魯貢賦也毋毋寧寧也老臣女齊自謂言先君有知當怪夫人所爲何用責我毋音無

杞文公來盟書曰子賤之也魯歸其田故來盟杜預氏云賤其用夷禮○季本氏曰是時晉平合諸侯城杞而杞人因欲降從子爵仍附魯貢故來請盟左氏以爲晉使司

馬女叔侯來治杞田非也○吳公子札來聘見叔孫穆子說之謂穆子曰子其不得死乎好善而不能擇人吾聞君子務在擇人吾子為魯宗卿而任其大政不慎舉何以堪之禍必及子不得死死不以壽終也擇人央擇賢否也宗卿同宗之卿不慎舉舉人不擇也杜預氏云為昭四年豎牛作亂起本說音悅請觀於周樂成王賜魯以天子之禮樂故周樂盡在于魯季札請得觀之使工為之歌周南召南曰美哉始基之美猶未也然勤而不怨矣魯從其請故使工為歌之周南周南周公旦所主南國之詩召南召公奭所主南國之詩美哉美其聲也基本也言王道基本於二南特其時猶有商紂餘習故其化未洽于天下然可見文王憂勤政事無怨怒之音矣凡言美哉皆嘆美其聲也召音邵為去聲下同為之歌邶鄘衛曰美哉淵乎憂而不困者也吾聞

衛康叔武公之德如是是其衛風乎。武王克商分地為三監三監叛周公滅之更以封弟康叔於衛故三國盡被康叔之化淵深也亡國之音哀以思其民困武公康叔九世孫二公德化深遠雖遭懿公滅亡民猶秉義不至于困所遺固然也〔邶〕音背〔鄘〕音庸○朱申氏曰三國之詩皆衛詩也而必別而三之者豈非以疆土不同故音調亦從而異歟然不可考為之歌王。曰美哉思而不懼其周之東乎。王周平王也平王東遷王室下同列國故其詩不登于雅謂之王不言周者天命未改尚尊之也宗周隕滅故民憂思猶有先王之遺風故不懼為之歌鄭。曰美哉其細已甚民弗堪也是其先亡乎。細煩碎也政煩則民亂故知其先亡為之歌齊。曰美哉泱泱乎大風也哉表東海者其大公乎國未可量也。泱泱弘大之貌大風大國之風表式也大公之德足為東海表式其國或將復興也〔泱〕音央〔大〕公音泰為之歌豳。曰美哉蕩乎。樂而不淫。其周公之東乎。蕩廣大之貌豳民樂于農事不爲荒淫蓋周公遭變居東之時爲此詩也[豳]彼貧反[樂]音洛爲之歌秦。曰此之謂夏聲。夫能夏則大。大之至也。其周之舊乎。秦起自西戎至秦仲始大而有中夏之聲夏有大之義以西戎而有夏聲故爲大之至蓋襄公佐平王東遷而盡取西周之地故其樂聲如此爲之歌魏。曰美哉。渢渢乎。大而婉。險而易行。以德輔此。則明主也。渢渢中庸之聲婉委曲猶言細處也險險阻難也杜氏以爲儉之誤非也言凡大則難委曲險則難行今魏俗不然若以德輔之可爲賢明之君[渢]扶言反[易]去聲爲之歌唐。曰思深哉。其有陶唐氏之遺民乎。不然。何憂之遠也。非令德之後。誰能若是。唐晋也晋之先本唐國故有堯之遺風其俗憂深思遠故知必令德之後不謂晋者仍始封號也爲之歌陳。曰國無主。其能久乎。淫聲放蕩無所畏忌故云國無主 自鄶以下無譏焉。鄶以下曹也無譏以其微也[鄶]古外反○邵寶氏曰風十五國二南邶鄘衛鄭齊豳秦魏唐陳鄶蓋周大師樂歌之序如此今詩小異焉殿豳于曹而退秦于魏將無意乎秦將大美秦西夷之國猶未離其類焉秦苟大則中國之患也聖人于是有憂焉故退之若夫豳之殿則王通氏已論之矣 爲之歌小雅。曰美哉。思而不貳。怨而不言。其周德之衰乎。猶有先王之遺民焉。雅者正樂之歌政有大小故有小雅有大雅衰小也思文武而無貳心怨商紂而不忍言此周德尚小之時乎以其時有殷王之遺俗故使周之德未大 爲之歌大雅。曰廣哉。熙熙乎。曲而有直體。其文王之德乎。大雅會朝之樂廣大貌熙熙和樂之聲委曲而有正直之體故知爲文德 爲之歌頌。曰至美哉。直而不倨。曲而不屈。邇而不偪。遠而不攜。遷而不淫。復而不厭。哀而不愁。樂而不荒。用而不匱。廣而不宣。施而不費。取而不貪。處而不底。行而不流。五聲和。八風平。節有度。守有序。盛德之所同也。頌者美盛德之形容以其成功告于神明也至哉言道備也倨傲屈撓也不逼讒退也不攜貳遷動也不淫有守也復反覆而行也不厭不爲人所厭薄也不愁知命也不荒節之以禮也不匱德弘大也不宣不自顯也不費因利而利之也不貪義然後取也底滯也不底守以道也不流制以義也五聲宫商角徵羽八風八方之氣節止也謂樂之關者皆有法度守執守也謂樂之作者各有條理頌有殷魯故云盛德之所同[樂]音洛

見舞象箾南籥者。曰。美哉。猶有憾。樂有歌有舞歌則詠其辭而以聲播之舞則動其容而以曲隨之箾舞者所執之竿武舞也南籥二南之籥文舞也皆文王之樂美哉美其容也文王未能身致太平故云猶有憾[箾]音朔

見舞大武者。曰。美哉。周之盛也。其若此乎。大武武王之樂若此

謂大武詩勝殷止殺成其功也見舞韶濩者。曰。聖人之弘也。而猶有慙德。聖人之難也。韶濩湯之樂弘大也猶有慙德謂以征伐得天下也此以見聖人處世變之難也言湯而不及武或爲武王諱也韶或作招濩音護見舞大夏者。曰。美哉。勤而不德。非禹其誰能修之。大夏禹之樂勤謂盡力溝洫不德不矜功也修舉也見舞韶箾者。曰。德至矣哉。大矣。如天之無不幬也。如地之無不載也。雖甚盛德。其蔑以加于此矣。觀止矣。若有他樂。吾不敢請已。韶箾舜之樂幬覆也札以舜德甚盛莫加故止焉而不敢復請且知魯用四代之樂至韶箾而終也其出聘也。通嗣君也。言札出聘之故因吳子夷昧嗣立而告于諸侯杜預氏謂季札聘上國而後餘祭弑則餘祭以二十五年嗣位距今五年豈得爲餘祭通聘非也故遂聘于齊。說晏平仲。謂之曰。子速納邑與政。無邑無政。乃免于難。齊國之政。將有所歸。未獲所歸。難未歇也。故晏子因陳桓子以納政與邑。是以免于欒高之難。納歸之公也將有所歸蓋謂政將歸於陳氏歇止也桓子即陳無宇欒高之難在昭八年說音悅下同難去聲下同聘于鄭。見子產。如舊相識。與之縞帶。子產獻紵衣焉。謂子產曰。鄭之執政侈。難將至矣。政必及子。子為政。慎之以禮。不然。鄭國將敗。縞繒也帶大帶吳地貴縞鄭地貴紵故各以獻時伯有執政明年子晳果殺伯有縞高上適衛。說蘧瑗。史狗。史鰌。公子荊。公叔發。公子朝。曰。衛多君子。未有患也。瑗即蘧伯玉狗史朝之子文子也鰌即史魚荊即南楚發即公叔文子瑗于眷反鰌音秋自衛如晉。將宿於戚。聞鐘聲焉。曰。異哉。吾聞之也。辯而不德。必加于戮。夫子獲罪於君以在此。懼猶不足。而又何樂。夫子之在此也。猶燕之巢于幕上。君又在殯。而可以樂乎。遂去之。文子聞之。終身不聽琴瑟。戚孫文子邑辯猶爭也夫子謂文子言文子以戚叛君是以在此燕巢幕上言至危也時衛獻公未葬故云君在殯去之不宿于戚也〔樂〕音洛〔幕〕音莫○邵寶氏曰季札當餘祭之喪未踰年而請觀周樂乃以在殯不樂責孫文子乎札于是有考古之心焉非以為樂也札不義其國托使而亾其于禮也變矣是故春秋責之樂之觀無與責焉可也

適晉。說趙文子。韓宣子。魏獻子。曰。晉國其萃于三族乎。說叔向。將行。謂叔向曰。吾子勉之。君侈而多良。大夫皆富。政將在家。吾子好直。必思自免于難。萃集也言晉國之政將集于三家其後韓趙魏果分晉國多良自多其臣之良也大夫富盛必

為厚施故政將在家好去聲○秋九月齊公孫蠆公孫竈放其大夫高止於北燕乙未出蠆郎子尾竈郎子雅放者宥之使遠也○趙鵬飛氏曰自高止奔燕而燕以亂燕伯奔齊齊侯伐燕皆基于高止書曰出奔罪高止也實放書奔以示止罪也高止好以事自為功且專故難及之掠人之美自為巳功季本氏云崔杼弑而止始與政事使從城杞之役必其人貪慾專功故因其歸而去之好難俱去聲○冬孟孝伯如晉報范叔也范叔郎士鞅此年夏來聘○附錄為高氏之難故高豎以盧叛十月庚寅閭丘嬰帥師圍盧高豎曰苟使高氏有後請致邑齊人立敬仲之曾孫酀良敬仲也十一月乙卯高豎致盧而出奔晉晉人城緜而寘旃豎高止子閭丘嬰齊大夫致邑還盧邑於君也敬仲高傒也良猶賢也旃

猶之也晉人善高豎致邑有禮○附故城緜邑而寘之爲難俱去聲錄鄭伯有使公孫黑如楚辭曰楚鄭方惡而使余往是殺余也伯有曰世行也子皙曰可則往難則已何世之有伯有將強使之子皙怒將伐伯有氏大夫和之十二月己巳鄭大夫盟於伯有氏黑即子皙伯有執國政故得使黑世行世爲行人裨諶曰是盟也其與幾何裨諶鄭大夫幾何不能久也幾上聲詩曰君子屢盟亂是用長今是長亂之道也禍未歇也必三年而後能紓詩小雅巧言篇言屢盟則無信此禍亂所以滋長也紓解也長上聲然明曰政將焉往裨諶曰善之代不善天命也其焉辟子產舉不踰等則位班也擇善而舉則世隆也天又除之奪伯

有魄子西即世將焉辟之天禍鄭久矣其必使子產息之乃猶可以戾不然將亡矣然明鄭大夫焉辟子產言伯有不善天必[illegible]之不可辟也等等級位秩位班班次言鄭[illegible]人不踰其等則子產位班當知政也若必擇善而舉之則子產之德為世所高也況天又為之驅除伯有使奪其精神自取滅亡乎伯有既死子西亦卒雖欲辟子產不可得也戾定也辟音避

春秋左傳註評測義卷之四十三終

春秋左傳註評測義卷之四十四

明吳興後學淩稚隆輯著

襄公十三

【經】（戊午）三十年（衛襄公吳子夷昧元年）春王正月。楚子使薳罷來聘。（罷音皮）○夏四月。蔡世子般弒其君固。（般音班）○五月。甲午。宋災。宋伯姬卒。（伯姬上公羊傳無宋字穀梁傳云取卒之日加之災上者見以災卒也）○天王殺其弟佞夫。（佞夫靈王子景王弟）王子瑕奔晉。○秋七月。叔弓如宋。葬宋共姬。（叔弓叔老之子共姬爲災所焚魯高其志行使卿會葬所以書之）○鄭良霄出奔許。（良霄嗜酒荒淫書名罪之）自許入於鄭。（良霄獨還無兵不以惡入故經不書復入）鄭人殺良霄。○冬。十月。葬蔡景公。無傳○晉人、齊人、宋人、衛人、鄭人、曹人、莒人、邾人、滕人、薛人、杞人、小邾人會于澶淵，宋災故。杜預氏云：會未有言其事者，此言宋災故，以惡宋人不克巳自責，而出會求財。

傳　三十年春王正月，楚子使薳罷來聘，通嗣君也。郟敖即位，故來繼好。穆叔問王子之爲政何如。對曰：吾儕小人食而聽事，猶懼不給命，而不免于戾，焉與知政？固問焉，不告。時王子圍爲楚令尹。與音預。穆叔告大夫曰：楚令尹將有大事，子蕩將與焉助之，匿其情矣。子蕩即薳罷。穆叔言子圍將有弒君之大事，子蕩將與其事，故藏匿其邪慝之情而不言其政。蓋子圍素貴，郟敖微弱，諸侯皆知圍之將簒，故穆叔問之。○附錄　子產相鄭伯以如晉，叔向問鄭國之政焉。對曰吾得見與否在此歲也駟良方爭未知所成若有所成吾得見乃可知也子産言禍亂方興亥生未可期吾得見與不得見乃在今歲也駟氏子晳也良氏伯有也成平和也(相)去聲叔向曰不既和矣乎對曰伯有侈而愎子晳好在人上莫能相下也雖其和也猶相積惡也惡至無日矣前年鄭大夫已和兩家而盟於伯有氏故叔向以爲既和愎狠也積惡中心終相怨恨也杜預氏云爲此年秋良霄出奔傳(好)去聲○附錄二月癸未晉悼夫人食輿人之城杞者絳縣人或年長矣無子而往與於食有與疑年使之年曰臣小人也不知紀年臣生之歲正月甲子朔四百有四十五甲子矣其季于今三之一也食犒之也輿衆也城杞在前年尚未畢工老人無子故受役而

與食有與同食者疑此老之年使户言之老人自始生至今凡得甲子四百四十五季末也凡甲子一周六十日其末甲子至今日癸未止二十日故云三之一〔食〕音似〔長〕上聲〔與〕於音預**吏走問諸**

朝。師曠曰。魯叔仲惠伯會郤成子于承匡之歲也。是

歲也。狄伐魯。叔孫莊叔於是乎敗狄于鹹獲長狄僑

如及虺也豹也。而皆以名其子。七十三年矣。吏不曉歷數故

問諸朝魯文十一年乙巳歲惠伯會郤缺謀諸侯之徒於楚者老人以此年生也莊叔叔孫得臣也僑如虺豹皆所獲長狄之名得臣有三子待事而爲之名是年因命宣伯曰僑如穆子曰豹獨虺無聞自乙巳至今年戊午首末七十四年而曰七十三者蓋計其全數而言未滿七十三年也〔虺〕虚鬼反**史趙**

曰亥有二首六身。下二如身。是其日數也。史官趙名古亥字二畫在上三人在下故以二爲首以六爲身下猶置也如往也除下亥上二畫往置身傍二畫爲二萬二六

爲六千六百六旬此是老人初生至今之日數也因亥畫似筭法故假之以爲言而下如二字亦用筭法之義

士文伯曰。然則二萬六千六百有六旬也。文伯士弱之子凡一甲子爲六十日總之合有二萬六千六百日其末之甲子止得三分之一故少四十日此說上文亥字之日數也

趙孟問縣大夫則其屬也。召之而謝過焉曰。武不才。任君之大事。以晉國之多虞。不能由吾子。使吾子辱在泥塗久矣。武之罪也。敢謝不才。遂仕之。使助爲政。辭以老。與之田。使爲君復陶。以爲絳縣師。而廢其輿尉。趙武問其縣大夫則此老人乃其所分掌絳縣人也由用也辱在泥塗謂受版築之役復陶主晉君衣服之官周禮縣師掌地域辨其夫家人民輿尉輿人之尉廢之以其役孤老也

於是魯使者在晉。歸以語諸大夫。季武子曰。晉未可媮

也。有趙孟以爲大夫。有伯瑕以爲佐。有史趙師曠而咨度焉。有叔向女齊以師保其君。其朝多君子。其庸可媮乎。勉事之而後可。（媮薄也伯瑕士文伯也（度）待洛反（女）音汝）○附錄　夏四月。己亥。鄭伯及其大夫盟。君子是以知鄭難之不已也。（駟良方爭故盟鄭伯微弱不能制其臣下君臣詛盟故難不已（難）去聲）○蔡景侯爲大子般娶于楚。通焉。大子弒景侯。（緣子產有子禍之言○愚按城杞之會以悼夫人故澶淵之會以宋災故二者謂非恤小救患之舉則不可然蔡般弒君其禍寧不大於此者而晉不之問何居蓋蔡即楚久晉以爲討則懼有爭蔡之嫌再啓兵端以故存弭兵之小信而忘撥亂之大義蓋詩所謂君子屢盟亂是用長者也）○初王儋季卒。其子括將見王而歎。單公子愆期爲靈王御士。過諸廷。聞其歎而言曰烏乎必有此夫入以告王且曰必殺之不慼而願大視躁而足高心在他矣不殺必害王曰童子何知儋季周靈王弟括除服入朝而歎愆期公子名聞聲而知其志必欲有此大權告王預除之感憂慼也願大郎必有此也躁急疾也凡此皆心不在故言動失常如此單音善及靈王崩儋括欲立王子佞夫佞夫弗知戊子儋括圍蔿逐成愆成愆奔平畤五月癸巳尹言多劉毅單蔑甘過鞏成殺佞夫括瑕廖奔晉書曰天王殺其弟佞夫罪在王也靈王崩在二十八年儋括果為亂故欲立佞夫佞夫弗與謀故弗知蔿周邑成愆蔿邑大夫平畤周邑尹言多以下周五大夫以括欲立佞夫故殺之瑕即王子瑕與廖皆括黨經不書括廖賤也罪在王以佞夫不知故杜預氏云經書在宋災下從赴○愚按天子得專殺故春秋無天王殺大夫文佞夫實不知謀而

景王殺之失親親之道故 ○或叫于宋大廟曰譆譆
書王殺以罪之特筆也
出出鳥鳴于亳社如曰譆譆 叫呼也譆譆嗟痛聲出
社殷社也殷宋之祖故鳴其社或叫 出戒伯姬使之出也亳
與鳥鳴皆火妖也大音泰譆音僖 甲午宋火災宋
伯姬卒待姆也 姆女師也伯姬遇火待女師不至不
下堂故卒爲火所焚而死伯姬以成
九年歸宋時年蓋六十矣穀梁傳云伯姬之舍失火
左右曰夫人少辟火乎伯姬曰婦人之義傅姆不在
宵不下堂遂逮乎火而死姆音茂 君子謂宋共姬女而不婦女待人
婦義事也 共姬即伯姬姬義從宜也共姬知女道而不
知婦婦道蓋女子必待人而後敢行若爲婦
者從宜辟火可也○愚按易云恒其德貞婦人吉貞
也者婦女一也伯姬貞德守死不違公羊謂其婦道
盡矣而左氏譏其不婦 ○附
婦豈異於女乎過矣 録 六月鄭子産如陳涖盟
歸復命告大夫曰陳亡國也不可與也聚禾粟繕城

鄭恃此二者而不撫其民其君弱植公子侈大子卑大夫敖政多門以介於大國能無亾乎不過十年矣

二十五年鄭入陳自是陳服于鄭故往陳臨盟不可與不可與結好也繕治也植立介間也十年成數也杜預氏云爲昭八年楚滅陳傳

○秋七月叔弓如宋葬共姬也○鄭伯有耆酒爲窟室而夜飲酒擊鐘焉朝至未已朝者曰公焉在其人曰吾公在壑谷皆自朝布路而罷既而朝則又將使子晳如楚歸而飲酒庚子子晳以駟氏之甲伐而焚之伯有奔雍梁醒而後知之遂奔許

伯有卽良霄窟室地室也朝家臣朝伯有也家臣謂伯有爲公壑谷卽窟室布路分散也既而朝伯有朝鄭君也駟氏子晳之族雍梁鄭地

大夫聚謀子皮曰仲虺之志云亂

者取之。亡者侮之。推亡固存。國之利也。罕駟豐同生。伯有汰侈。故不免。子皮即罕虎。仲虺湯左相。志書也。子皮引言之意。蓋欲推伯有之亡。而固子晳之存。方爲國家利也。罕子皮。駟子晳。豐公孫段。三家本同母兄弟。故駟氏之黨盛。伯有孤獨無黨。而又自汰侈。故不免於禍。（汰）音泰。人謂子產就直助彊。子產曰。豈爲我徒。國之禍難。誰知所敝。或主彊直。難乃不生。姑成吾所。或人謂子產當就子晳之直。助罕駟豐之彊。以共攻伯有。伯有徒黨敝盡也。子產言我於駟良豈偏有所黨。正以國家禍難。不能預知其終。或能彊能直。則難當不生矣。今惟三家未能。故伯有方爭。吾姑不違吾所志爾。蓋欲執禮而中立也。（爲）（難）俱去聲。辛丑。子產斂伯有氏之死者而殯之。不及謀而遂行。印段從之。子皮止之。衆曰。人不我順。何止焉。子皮曰。夫子禮於死者。況生者乎。遂自止之。壬寅。子產入。癸卯。子石入。皆受盟于子皙氏。乙巳。鄭伯及其大夫盟于大宮。盟國人于師之梁之外。蓋伯有之黨必得罪于三家故不與大夫之謀而出奔印段義子產故從之出入與夫子俱謂子產子石卽印段大宮祖廟師之梁鄭城門歛去聲大音泰 伯有聞鄭人之盟己也。怒。聞子皮之甲不與攻己也。喜曰。子皮與我矣。癸丑。晨自墓門之瀆入。因馬師頡介于襄庫。以伐舊北門。駟帶率國人以伐之。與我不伐我也墓門鄭城門馬師頡子羽孫爲馬師官介甲也用襄庫之兵甲駟帶子西之子子皙之宗主與攻音預瀆音豆 皆召子產。子產曰。兄弟而及此。吾從天所與。伯有死於羊肆。子產禭之。枕之股而哭之。斂而殯諸伯有之臣在市側者。既而葬諸斗城。子駟氏欲攻子產。子皮怒之曰。禮國之幹也。殺有禮。禍莫大焉。乃止。駟氏伯有皆召子產助己。子產言兄弟恩等。無所偏助。復斂葬伯有。此子產所謂成吾所也。羊肆。市列也。斗城。鄭地。子皮以斂葬伯有爲有禮。於是游吉如晉還。聞難不入。復命于介。八月甲子。奔晉。駟帶追之。及酸棗。與子上盟。用兩珪質于河。使公孫肸入盟大夫。己巳。復歸。游吉。子大叔也。介。副使也。酸棗在陳。子上即駟帶。沈珪于河。爲信也。難去聲。質音至。書曰。鄭人殺良霄。不稱大夫。言自外入也。既出位絕。故經不書鄭大夫。○張洽氏曰。良霄之出。公孫黑蓋有罪焉。春秋舍黑。專攻之罪。而罪良霄焉。何也。伯有之所爲。有喪亡之道。雖微公孫黑者。能免于妖乎。既亡而又不自省。又入伐君而大亂其國。此春秋所以正名以討賊之辭也。於子蟜之卒也。將葬。公孫揮與裨竈晨會事焉。過伯有氏。其門上生莠。子羽曰。其莠猶在乎。於是歲在降婁。降婁中而旦。裨竈指之曰。猶可以終歲。歲不及此次也已。及其亡也。歲在娵訾之口。其明年。乃及降婁。僕展從伯有。與之皆死。子蟜鄭公孫蠆卒在十九年追言先時事會事會葬事也子羽鄭公孫揮莠害苗之草揮以諭伯有問其莠猶在以伯有侈久宜亡也歲歲星也歲星十二年而一周天降婁奎婁也歲星時在降婁之度降婁星中而天明裨竈指言伯有猶可終歲星一周之期而歲星至期及不及此降婁之次至伯有之亡適一周矣而歲星乃在娵訾不及降婁之次娵訾營室東壁也蓋二十八年歲星淫在玄枵今三十年在娵訾是歲星停在玄枵二年越一年方及降婁果如裨竈不及此次之言僕展鄭大夫伯有之黨[降]音杭[娵]子須反[訾]音貲羽頡出奔晉。爲任大夫。雞澤之會。鄭樂成奔楚。遂適晉。羽頡因之。

與之比而事趙文子言伐鄭之說焉以宋之盟故不可子皮以公孫鉏爲馬師羽頡卽馬師頡任晉邑雞澤之會在三年鄭樂成奔楚在二年羽頡進伐鄭之說於趙文子文子以宋盟弭兵之故不肯背盟伐鄭鉏子罕之子代羽頡○附錄楚公子圍殺大司馬蔿掩而取其室申無宇曰王子必不免善人國之主也王子相楚國將善是封殖而虐之是禍國也且司馬令尹之偏而王之四體也絕民之主去身之偏艾王之體以禍其國無不祥大焉何以得免蔿掩二十五年爲大司馬申無宇芋尹偏佐也四體股肱也艾斬也無不祥大言楚國不祥無大於此杜預氏云爲昭十三年楚殺靈王傳蔿于委反相去聲○爲宋災故諸侯之大夫會以謀歸宋財冬十月叔孫豹會晉趙

武齊公孫蠆、宋向戌、衛北宮佗、鄭罕虎及小邾之大夫會于澶淵，既而無歸于宋，故不書其人。謀歸宋財，言賑其災患也。佗，北宮結之子。無歸于宋，言不能踐其言也。其人謂諸大夫名。○劉敞氏曰：左氏云既而無歸故不書其人，非也。失信者如清丘之盟，直貶其人而已矣。今獨舉其事又貶其人，非特患失信而已也。君子曰：信其不可不慎乎！澶淵之會，卿不書，不信也夫。諸侯之上卿，會而不信，寵名皆弃，不信之不可也如是。不信謂失其歸財之信。寵謂族也。言族與名皆棄不書。詩曰：文王陟降，在帝左右。信之謂也。又曰：淑慎爾止，無載爾僞。不信之謂也。詩大雅文王篇，言文王以信而昭格于上帝。又逸詩篇，淑，善。載，成也。止，容止也。僞，不信也。書曰：其人其人會于澶淵，宋災故，尤之也。不書魯大夫，諱之也。諸侯不歸宋財諸國大夫宜貶稱人乃向戌亦貶稱人則以求財之故故上傳云既而無歸所以釋諸大夫之不書此云宋災故尤之所以釋向戌之并貶也君親有隱故經不書魯大夫以示例○愚按前此晉於隣國之災不之恤而獨謀宋災者以宋起弭兵之議而中國賴焉故也則遣一使往恤焉足矣何至大合十二國之大夫以謀之又卒無歸于宋豈不過乎蓋霸業自此而寖衰矣

○附錄　鄭

子皮授子產政。辭曰。國小而偪。族大寵多。不可爲也。子皮曰。虎帥以聽。誰敢犯子。子善相之。國無小。小能事大。國乃寬。伯有死子皮爲政以子產賢故讓之爲猶治也國小偪近大國則難供其求族大寵多則難行其政故子產以爲不可治虎子皮名無小言在政治也乃寬爲大國所恤也

子產爲政。有事伯石。賂與之邑。子大叔曰。國皆其國也。奚獨賂焉。子產曰。無欲實難。皆得其欲。以從其事。而要

其成。非我有成。其在人乎。何愛于邑。邑將焉往。國皆其國言鄭大夫當共憂國事要猶責也子產言人不能無欲伯石欲得邑我欲成國事彼此皆得其所欲以從國家之事而責其成功是事之成在我不在伯石也何愛一邑且邑固在國也〔大〕音泰〔要〕平聲子大叔曰。若四國何。子產曰。非相違也。而相從也。四國何尤焉。鄭書有之曰。安定國家。必大焉先。姑先安大。以待其所歸。若四國何恐爲四國所議也子產言所以與邑者非與衆心相違乃欲相從爲和順爾尤罪也鄭書鄭史書言欲安定其國家必先和其大族所以我且先安大族以待其歸而要其成○愚按爲國以禮其奚不服如以賂則鄭國褊小而族大寵多藉令不逞之輩搁然有要其上之心而相則以求賂焉將焉取以給之其何安定之有然則子產不知爲政歟是又不然鄭國大臣不和久矣子產以子皮之讓一旦秉國之柄設非相從以悅其心其誰帖然而順令者洎乎政成而大人之忠儉者與之泰侈者斃之子產豈直路之云乎哉故必有子產之志則可既伯石懼而歸邑卒與之伯有既死使大史命伯石爲卿辭大史退則請命焉復命之又辭如是三乃受策入拜子產是以惡其爲人也使次巳位命策命也請命伯石請大史更命巳也子產以伯石三辭卿位務爲虛飾畏其作亂故使次巳位以寵之子產使都鄙有章上下有服田有封洫廬井有伍大人之忠儉者從而與之泰侈者因而斃之子產使國都及邊鄙車服尊卑各有等級公卿大夫庶人各有服色民田各限以封疆及溝洫廬舍井田各以五人爲伍使之相保大夫之忠於國而儉於家者從而助之其驕泰而淫侈者因而罪之〔洫〕况域反〔大人〕或作大夫豐卷將祭請田焉弗許曰唯君用鮮衆給而巳子張怒退而徵役子產奔晉子皮止之而

逐豐卷。豐卷奔晉。子產請其田里。三年而復之。反其田里及其入焉豐卷公孫洩子田獵也鮮野獸也子產言惟國君之祭得野獸之鮮若衆臣之祭但取足於芻豢而已子張即豐卷徵役召從兵欲攻子產也請請不没于官入田里所收入

從政一年。輿人誦之曰。取我衣冠而褚之。取我田疇而伍之。孰殺子產。吾其與之。輿衆也褚衣之稾並畔爲疇子產使上下有服故取衣冠之僭踰者而藏之子產使廬井有伍故取田疇之兼并者而伍之與助也及三年又誦之曰。我有子弟。子產誨之。我有田疇。子產殖之。子產而死。誰其嗣之。殖生嗣續也杜預氏云傳言鄭所以興

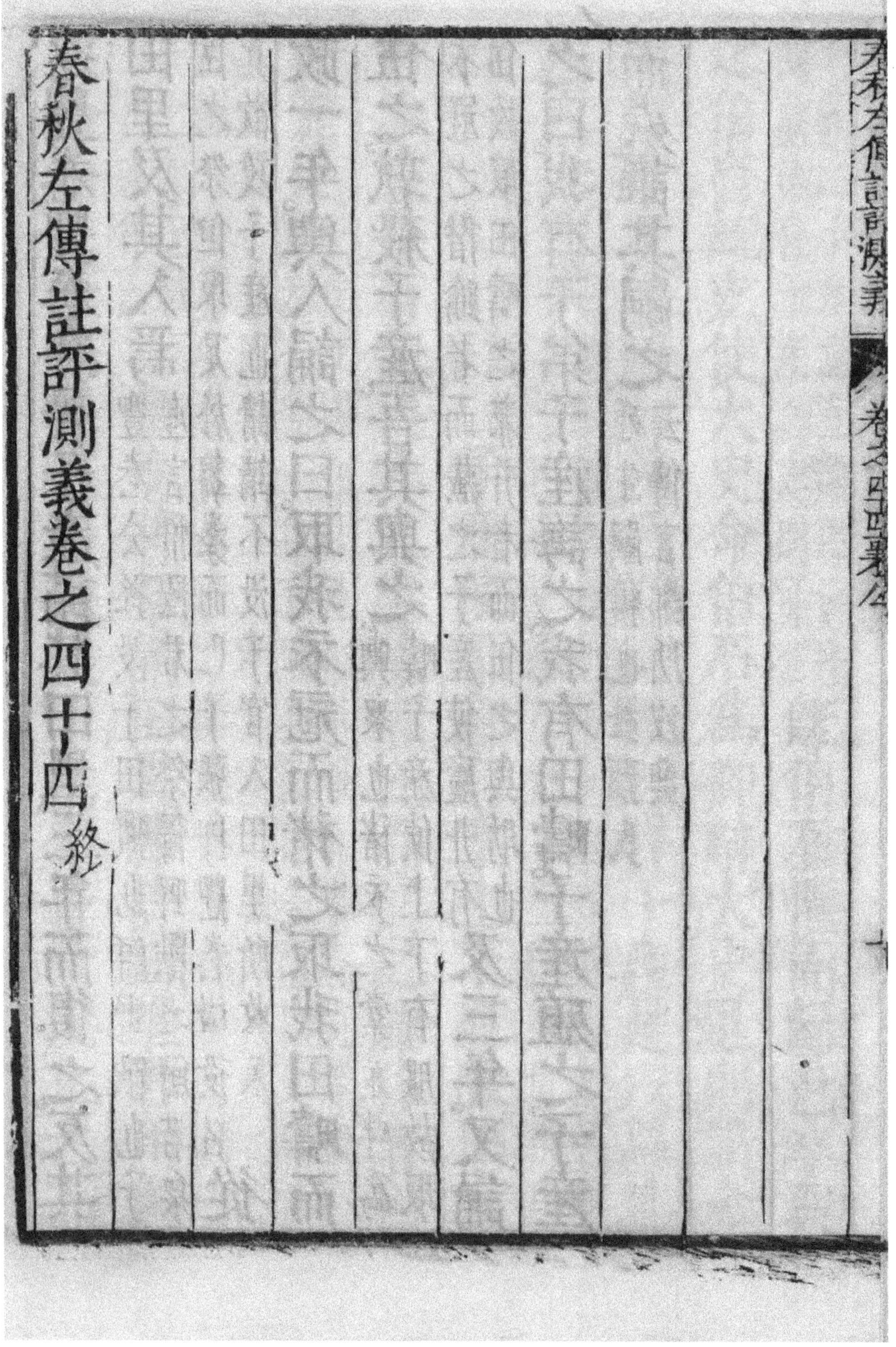

春秋左傳註評測義卷之四十四終

春秋左傳註評測義卷之四十五

明吳興後學凌稚隆輯著

襄公十四

經 己未 三十有一年。蔡靈侯元年 春王正月。夏六月辛巳。公薨于楚宮。楚宮別宮也杜預氏云不居先君之路寢而安所樂失其所也 ○秋九月癸巳子卒。○己亥仲孫羯卒。○冬十月滕子來會葬。此經書諸侯來會葬之始。○家鉉翁氏曰魯君未嘗會天子之葬而滕君來會魯葬滕之來魯之受皆貶也 ○癸酉葬我君襄公。○十有一月莒人弑其君密州。杜預氏云不書弑君者名君無道也

傳 三十一年。附錄 春王正月。穆叔至自會。見孟孝伯。語

之曰趙孟將死矣其語偷不似民主且年未盈五十而諄諄焉如八九十者弗能久矣若趙孟死爲政者其韓子乎吾子盍與季孫言之可以樹善君子也晉君將失政矣若不樹焉使早備魯既而政在大夫韓子懦弱大夫多貪求欲無厭齊楚未足與也魯其懼哉會澶淵會也偷苟且也諄諄詳熟也韓子韓起也樹立也善謂善類言當預與結好樹立善類何者起有君子之德而爲人柔弱君將失其政權若不相與立善使早爲魯備恐他日魯不堪晉復欲政事齊楚未必可恃也厭去聲孝伯曰人生幾何誰能無偷朝不及夕將安用樹穆叔出而告人曰孟孫將死矣吾語諸趙孟之偷也而又甚焉又甚言我告以趙孟語偷而孝伯又言朝不及夕是其偷又過

之也又與季孫語晉故季孫不從語晉故語以趙孟將歿之故如與孟孝伯言及趙文子卒晉公室卑政在侈家韓宣子爲政不能圖諸侯魯不堪晉求讒慝弘多是以有平丘之會文子卒在昭元年侈家大夫侈汰之家宣子即韓起讒讒譖譖也慝邪慝也平丘會在昭十三年晉人執季孫意如○附錄齊子尾害閭丘嬰欲殺之使帥師以伐陽州我問師故夏五月子尾殺閭丘嬰以說于我師工僂灑渻竈孔虺賈寅出奔莒出羣公子子尾即公孫蠆以閭丘嬰爲己害欲以討殺之陽州魯地我謂魯也我魯以師往問齊何故見伐子尾遂歸罪於嬰殺之以解說于魯師曰伐魯者嬰所爲也四子嬰之黨故出奔杜預氏云爲昭十年欒高之難復羣公子起本〔說〕如字僂音婁〔灑〕音洒〔渻〕音告青○愚按欒高既滅崔慶不能以德禮定其國家而乃任情多殺自弱其宗皆所以啓

田氏之強而授之利柄也○公作楚宮。穆叔曰。大誓云。民之所欲天必從之。君欲楚也夫。故作其宮。若不復適楚。必死是宮也。公朝楚好其宮倣而作之以為名大誓所云今尚書無此文欲楚喜于從楚也大音泰

六月辛巳。公薨于楚宮。叔仲帶竊其拱璧以與御人納諸其懷而從取之。由是得罪。御人侍御之人魯人薦仲帶所為故其子孫不得志于魯○李廉氏曰襄公在位三十一年當其初立外則晉悼之霸方務綏睦親隣內則季孫行父仲孫蔑叔孫豹皆賢大夫故魯國自事霸外皆無他虞柰何自五年季文子卒後武子繼之專權肆欲城費而私邑張作三軍而公室卑入鄆而君命不行於是諸大夫則而象之城成郛而孟氏強矣城防而臧氏亦強矣悼公既喪齊邾交伐魯之不振益甚蓋以兵權分於三家故也至其末年乃俯首南面而朝於楚雖晉霸之失使然而魯之人望亦既矣○立胡女敬歸之子子野。次

于季氏秋九月癸巳卒毁也胡國今南直隸潁州歸姓敬謚也襄公之妾次舍也子野過哀毁瘠以致滅性而死○愚按經書莊公薨而子般卒文公薨而子赤卒與此襄公薨而子野卒均未成君也均不書地也均不書葬也子般子赤左氏既以爲弑而於子野獨云毁者何居于時季氏專政尤非慶父公子遂之比此必季氏因子野賢忌而圖之而以毁言之於朝未可知也不者何書法與般赤無異○己亥孟孝伯卒杜預氏云紇穆叔言○附錄立敬歸之娣齊歸之子公子裯穆叔不欲曰大子死有毋弟則立之無則立長年鈞擇賢義鈞則卜古之道也非適嗣何必娣之子且是人也居喪而不哀在慼而有嘉容是謂不度不度之人鮮不爲患若果立之必爲季氏憂武子不聽卒立之齊謚裯昭公名鈞與均同義鈞均有可立之義也不度不

遵法度之人爲昭二十五年昭公欲殺季氏張本胡傳云子野有命立昭公故穆叔雖不欲而不能止(適)直由反(長)上聲(適)音的

比及葬。三易衰。衰衽如故衰。於是昭公十九年矣。猶有童心。君子是以知其不能終也。衽爲兩燕尾綴於衣以掩裳旁際者也昭公自初立至葬襄公之時所着衰服已三次更易輒復弊壞而其衽一如舊衽甚言其嬉戲無度也杜預氏云爲二十五年公孫於齊傳(比)音畀(衰)初危反

○冬十月。滕成公來會葬。惰而多涕。子服惠伯曰。滕君將死矣。怠於其位。而哀已甚。兆于死所矣。能無從乎。惰不敬也已甚謂多涕兆死兆也在葬處故云死所從從之死也杜預氏云爲昭三年滕子卒傳

○癸酉葬襄公。

○附錄　公薨之月。子產相鄭伯以如晉。晉侯以我喪故。未之見也。子產使盡壞其館之垣。而納車馬焉。

公魯襄公館舍垣墻也車馬鄭伯所從行者時晉政已偷待諸侯之賓多不以禮故子產毀垣以發其問〔垣〕去聲〔壞〕音怪○愚按晉侯重于見賓見謂以魯喪故推此心以及鄭則何至舍于隷人而莫之省也耶恤喪禮也睦鄭獨非禮乎 士文伯讓之曰敝邑以政刑之不脩寇盜充斥無若諸侯之屬辱在寡君者何是以令吏人完客所館高其閈閎厚其墻垣以無憂客使今吾子壞之雖從者能戒其若異客何以敝邑之為盟主繕完葺墻以待賓客若皆毀之其何以共命寡君使匄請命 充滿斥見也無若諸侯之屬何言無以待諸侯客何言何以待他客也繕治完固也葺覆也以草覆墻也共命共應諸侯之命匄文伯名請命請問壞墻之命〔閈〕音行〔閎〕音宏〔使〕〔從〕俱去聲〔葺〕音緝共平音供 對曰以敝邑褊小介於大

國。誅求無時。是以不敢寧居。悉索敝賦。以來會時事。逢執事之不閒。而未得見。又不獲聞命。未知見時。不敢輸幣。亦不敢暴露。其輸之。則君之府實也。非薦陳之。不敢輸也。其暴露之。則恐燥濕之不時。而朽蠹。以重敝邑之罪。介閒。誅責也。無時。無常時也。會。會時事。隨時來朝會也。不閒。不得閒暇也。輸。納。薦。進。陳。列也。閒音閑。暴步卜反。蠹丁故反。僑聞文公之爲盟主也。宮室卑庳。無觀臺榭。以崇大諸侯之館。館如公寢。庫廐繕脩。司空以時平易道路。圬人以時塓館宮室。諸侯賓至。甸設庭燎。僕人巡宮。車馬有所。賓從有代。巾車脂轄。隸人牧圉。各瞻其事。百官之屬。各展其物。公不留賓。

而亦無廢事憂樂同之事則巡之教其不知而恤其不足賓至如歸無寧菑患不畏寇盜而亦不患燥濕文公晉重耳宮室文公所居宮室也卑庳低小屋也闕門曰觀築土曰臺臺有屋曰榭庫所以藏幣帛廄所以養馬司空掌邦土者易治也圬人塗墻屋之人塓塗泥也庭燎設火於庭也巡宮行夜也有所有所安處也有代有人代役也巾車主車之官脂轄以脂塗客之車轄也贍視也視客所當得也展陳也陳其物以備客需也賓得速去故不留而事集巡其當否也恤存恤也無寧寧也言見遇如此寧得復有菑患也庳音婢觀音貫易去聲圬音烏從去聲樂音洛菑音災今銅鞮之宮數里而諸侯舍於隸人門不容車而不可踰越盜賊公行而天癘不戒賓見無時命不可知若又勿壞是無所藏幣以重罪也敢請執事將何所命之銅鞮晉離宮舍於隸人言其館

卑如隸人之舍也不容車言其窄也不可踰越以有墻垣之限也癘猶災也言水潦無時也無時不以其時也不戒不爲戒備也命謂召見之命何所命問晉命已所所止之宜也鞮音提雖君之有魯喪亦敝邑之憂也若獲薦幣脩垣而行君之惠也敢憚勤勞鄭與魯亦有同姓之憂文伯復命趙文子曰信我實不德而以隸人之垣以贏諸侯是吾罪也使士文伯謝不敏焉晉侯見鄭伯有加禮厚其宴好而歸之乃築諸侯之館信信如其言也贏受也禮猶敬也好去聲叔向曰辭之不可以已也如是夫子產有辭諸侯賴之若之何其釋辭也詩曰辭之輯矣民之協矣辭之繹矣民之莫矣其知之矣賴恃也諸侯皆恃之以改築館舍也釋廢也詩大雅板之篇輯睦協同繹悅也莫猶定也子產

知辭之有益故善其辭鄭子皮使印段如楚以適晉告禮也鄭以朝晉告楚得事兩霸之禮○莒犂比公生去疾及展輿既立展輿又廢之犂比公虐國人患之十一月展輿因國人以攻莒子弒之乃立去疾奔齊齊出也展輿吳出也犂比莒子密州之號既立立為世子也去疾毋齊女故云齊出展輿毋吳女故云吳出杜預氏云為明年展輿奔吳傳書曰莒人弒其君買朱鉏言罪之在也買朱鉏密州之字傳例弒君稱君君之罪也故云罪在買朱鉏○愚按據傳則弒君者展輿也春秋當與楚商臣蔡般許止同一書法安得置其子之大惡而加之國人乎盖展輿因國人之攻莒子弒之乃立而左氏誤以之字作以字如趙匡氏之說是已當從經文及胡氏為正雖然使展輿能討賊于既立之後庶乎其可免矣

○附錄吳子使屈狐庸聘于晉通路也狐庸巫臣之子成七年適吳為

行人通路通吳晉之道[屈]居忽反 趙文子問焉曰延州來季子其果立乎巢隕諸樊閽戕戴吳天似啓之何如延延陵今南直隸常州與州來皆季札前後食邑諸樊門于巢而卒在二十五年戴吳即餘祭閽弑餘祭在二十九年啓開也言天意似欲開啓季札故廢二君[戕]在良反 對曰不立是二王之命也非啓季子也若天所啓其在今嗣君乎甚德而度德不失民度不失事民親而事有序其天所啓也有吳國者必此君之子孫實終之季子守節者也雖有國不立不立季札不立爲君也二王之命言諸樊戴吳之效乃其命然也今嗣君謂夷昧度有法度也民歸德故不失民能審事故不失事終之終有吳國也有國不立言以國讓不肯立也 ○附錄 十二月北宮文子相衛襄公以如楚宋之盟故也文子北宮佗也

三十七年宋盟云晉楚之從交相見也相去聲過鄭印段廷勞於棐林如聘禮而以勞辭文子入聘子羽爲行人馮簡子與子大叔逆客廷往也棐林鄭邑以勞辭言用郊勞之辭入聘報印段也客文子也廷音旺勞去聲下同事畢而出言於衛侯曰鄭有禮其數世之福也其無大國之討乎詩云誰能執熱逝不以濯禮之於政如熱之有濯也濯以救熱何患之有有禮則不得罪於大國故免其討詩大雅桑柔篇逝往也濯以水濯手也引詩以喻鄭有禮必無患子產之從政也擇能而使之馮簡子能斷大事子大叔美秀而文公孫揮能知四國之爲而辯於其大夫之族姓班位貴賤能否而又善爲辭令裨諶能謀謀於野則獲謀於邑則

否。鄭國將有諸侯之事。子產乃問四國之爲於子羽。且使多爲辭令。與裨諶乘以適野。使謀可否。而告馮簡子使斷之。事成。乃授子大叔使行之。以應對賓客。是以鮮有敗事。北宮文子所謂有禮也。傳跡子產爲政以實文子有禮之言美貌美秀才秀文有文彩爲所欲爲也族姓以同異言班位以高下言貴賤以人文言能否以才力言皆能辯而別之野郊外邑城內裨諶喜靜而惡囂故能謀事於野而不得謀於邑子產順其偏而用之不遺善也乘與之共乘也（諶音忱）（乘去聲）（附錄）

鄭人游于鄉校以論執政。然明謂子產曰。毀鄉校如何。子產曰。何爲。夫人朝夕退而游焉。以議執政之善否。其所善者。吾則行之。其所惡者。吾則改之。是吾師也。若之何毀之。我聞忠善以損怨，不聞作威以防怨。豈不遽止？然猶防川，大決所犯，傷人必多，吾不克救也。不如小決使道，不如吾聞而藥之也。鄉校，鄉之學校。子產初政未協，有游于校議其得失者，然明欲毀校以息之。早見曰朝，暮見曰夕，故云朝夕。退忠善，盡忠爲善也。損猶止也。道，通也。不如小小疏通之，使不止塞也。不如姑留鄉校，使我常聞謗言，以爲己藥石也。朝，直遥反。惡，如字。道，音導。然明曰：蔑也今而後知吾子之信可事也，小人實不才。若果行此，其鄭國實賴之，豈惟二三臣？吾子，謂子產。小人，然明自謂。實不才，即毀鄉校之說。仲尼聞是語也，曰：以是觀之，人謂子產不仁，吾不信也。仲尼以二十二年生，至是方十歲，蓋長而後聞之。○附錄 子皮欲使尹何爲邑。子產曰：少，未知可否。少，謂年少。子皮曰：愿，吾愛之，不吾叛也使夫往而學焉夫亦愈知治矣愿謹善也夫謂尹何往而學往治邑而學爲政也子產曰不可人之愛人求利之也今吾子愛人則以政猶未能操刀而使割也其傷實多子之愛人傷之而已其誰敢求愛於子子於鄭國棟也棟折榱崩僑將厭焉敢不盡言子有美錦不使人學製焉大官大邑身之所庇也而使學者製焉其爲美錦不亦多乎僑聞學而後入政未聞以政學者也若果行此必有所害譬如田獵射御貫則能獲禽若未嘗登車射御則敗績厭覆是懼何暇思獲榱椽也言女執鄭國之政而致敗辟如棟折則榱崩我屋下將爲其所壓也又辟如子有美錦必不使不能裁者學裁之今大夫大官也

所治者大邑也此吾身所庇以安者而顧使學爲政者往裁製焉豈官邑之重不多于美錦乎又辟之田獵必射御皆慣習然後可以獲禽譬使登車射御皆所未習則壞車壓覆之患方懼不免何暇思獲禽乎壞所追反貫古患反厭音壓子皮曰善哉虎不敏吾聞君子務知大者遠者小人務知小者近者我小人也衣服附在吾身我知而慎之大官大邑所以庇身也我遠而慢之微子之言吾不知也他日我曰子爲鄭國我爲吾家以庇焉其可也今而後知不足自今請雖吾家聽子而行美錦製爲衣服此至小者近者我知愛惜之大官大邑以庇身此其大者遠者我則慢易之他日往日也知不足自知不足謀家也子產曰人心之不同如其面焉吾豈敢謂子面如吾面乎抑心所謂危亦以告也言人

面無有同者其心亦然吾不敢謂子面如吾面則女之心未必盡知吾心也吾安敢使子之家事皆聽我而後行乎抑我心以此事爲危而不安則亦不敢不以實告也子皮以爲忠故委政焉子產是以能爲鄭國杜預氏云傳言子產之治乃子皮之力○附録衛侯在楚北宮文子見令尹圍之威儀言於衛侯曰令尹似君矣將有他志雖獲其志不能終也詩云靡不有初鮮克有終終之實難令尹其將不免衛侯以宋之盟入楚似君似楚君他志簒弑之志也詩大雅蕩之篇鮮上聲公曰子何以知之對曰詩云敬慎威儀惟民之則令尹無威儀民無則焉民所不則以在民上不可以終詩大雅抑之篇公曰善哉何謂威儀對曰有威而可畏謂之威有儀而可象謂之儀

君有君之威儀其臣畏而愛之則而象之故能有其國家令聞長世臣有臣之威儀其下畏而愛之故能守其官職保族宜家順是以下皆如是是以上下能相固也衛詩曰威儀棣棣不可選也言君臣上下父子兄弟內外大小皆有威儀也周詩曰朋友攸攝攝以威儀言朋友之道必相教訓以威儀也畏愛以威言則象以儀言令聞善譽也長永也順是猶言自是也詩邶風栢舟篇棣棣富而閑也選擇也文詩大雅旣醉篇攸所攝佐也教訓即攝字之義棣音弟聞音問周書數文王之德曰大國畏其力小國懷其德言畏而愛之也詩云不識不知順帝之則言則而象之也紂囚文王七年諸侯皆從之

囚紂於是乎懼而歸之可謂愛之文王伐崇再駕而降爲臣蠻夷帥服可謂畏之文王之功天下誦而歌舞之可謂則之文王之行至今爲法可謂象之有威儀也周書泰誓篇懷思念也有愛意詩大雅皇矣篇言文王不自用其知惟法乎天理而行之崇國名文王伐崇三旬不降退脩教而復伐之乃降遂臣于周總承上文言文王有威儀所以畏愛則象能有國家如此數上聲故君子在位可畏施舍可愛進退可度周旋可則容止可觀作事可法德行可象聲氣可樂動作有文言語有章以臨其下謂之有威儀也此詳言君子之威儀度則法皆法也互言之可象身可度也可樂聲爲律也有文成文可觀也有章成章可述也

春秋左傳註評測義卷之四十五終

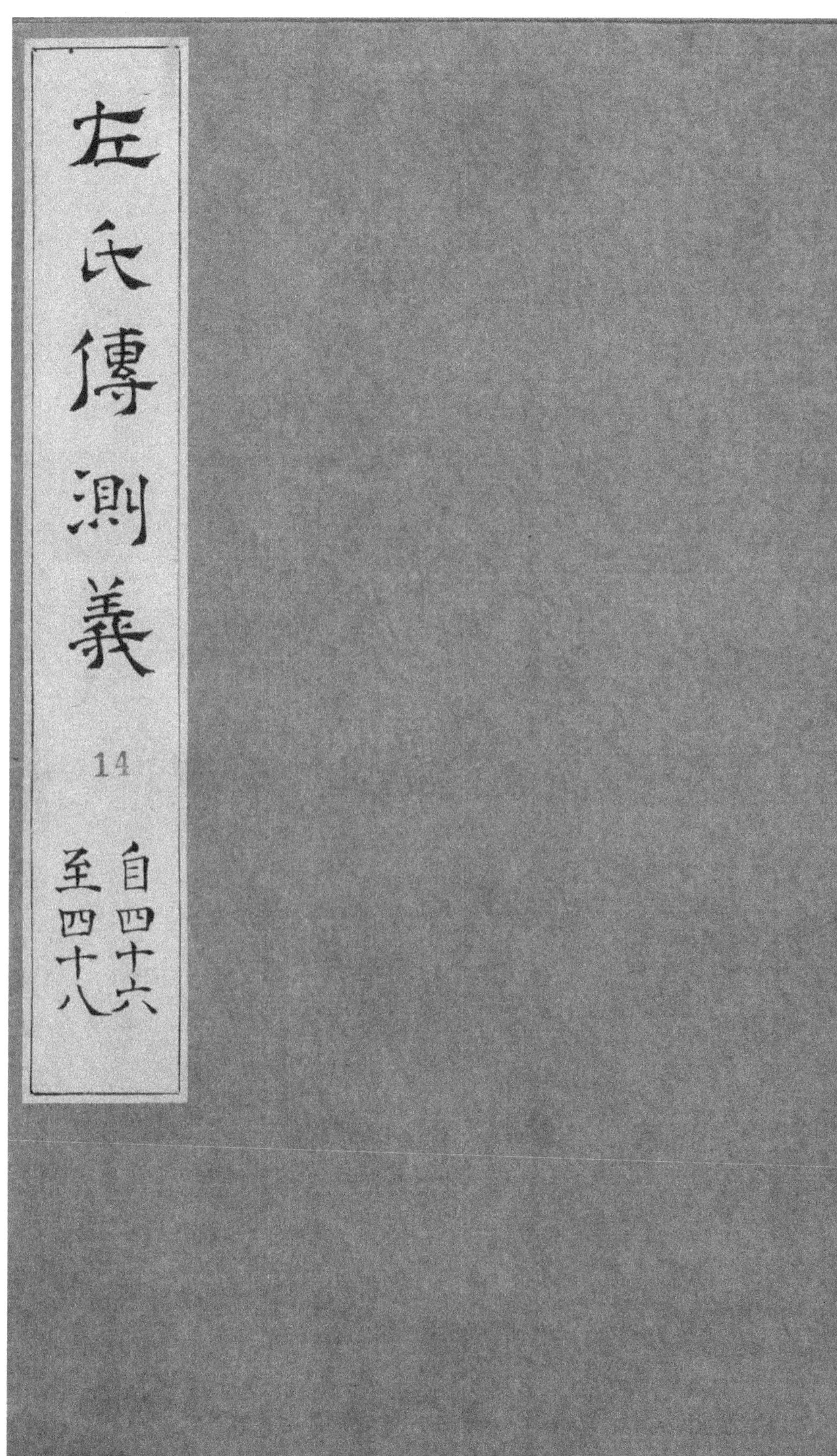
左氏傳測義
14
自四十六
至四十八

春秋左傳註評測義卷之四十六

明吳興後學凌稚隆輯著

昭公一

名裯襄公子母齊歸在位二十五年出奔在外七年凡三十二年謚法威儀恭明曰昭

【經】庚申周景王四年元年陳襄公二十八年杞文公九年宋平公三十五年晉平公十七年齊景公七年秦孝公三十六年楚郟敖四年衛襄公三年蔡靈侯二年鄭簡公二十五年吳子夷眛三年

春王正月。公即位無傳○叔孫豹會晉趙武楚公子圍齊國弱宋向戌衛齊惡陳公子招蔡公孫歸生鄭罕虎許人曹人于虢。招陳侯母弟虢鄭邑劉績氏云楚雖先晉而先書趙武者亦如宋盟尊中國抑夷狄之強也○三月。取鄆。鄆莒邑【鄆】音運○夏秦伯之弟鍼

出奔晉[鍼]其廉反○六月丁巳邾子華卒無傳○晉荀吳帥
師敗狄于大鹵穀梁傳云中國曰大原夷狄曰大鹵[大]音泰[鹵]音魯○秋莒去
疾自齊入于莒去疾未立而書莒去疾與齊小白同見當有莒之辭國逆而立之曰入程
子云凡義當承國者名繫國而不稱公子以殊於大夫也○莒展輿出奔吳展輿已立
位而不稱爵與陳佗同見不得爲君之辭○叔弓帥師疆鄆田疆者正鄆田之界不
使莒得侵之○葬邾悼公無傳○冬十有一月己酉楚子麇
卒[麇]九倫反○楚公子比出奔晉書名罪之

[傳]元年春楚公子圍聘于鄭且娶于公孫段氏伍舉
爲介將入館鄭人惡之使行人子羽與之言乃館于
外既聘將以衆逆子產患之楚將爲虢之會故公子圍聘于鄭伍舉椒舉也

介副也入館就客舍也鄭人知楚懷詐故惡之外城外也以衆逆以兵入逆婦也子産恐其因而襲鄭故患之〔惡〕去聲使子羽辭曰。以敝邑褊小。不足以容從者。請墠聽命。請於城外除地爲墠以聽楚逆婦之命〔褊〕必淺反〔從〕去聲〔墠〕音善令尹命大宰伯州犂對曰。君辱貺寡大夫圍。謂圍將使豐氏撫有而室。圍布几筵。告於莊共之廟而來。若野賜之。是委君貺於草莽也。是寡大夫不得列於諸卿也。不寧唯是。又使圍蒙其先君。將不得爲寡君老。其蔑以復矣。唯大夫圖之。令尹公子圍君鄭君豐氏公孫段之氏謂其女也而汝也莊王圍之祖共王圍之父蒙欺也老大臣也言我告先君而來今不得成禮於廟是使圍欺其先君也圍辱先君之命必將黜退是將不得爲楚君之大臣也復歸其國也〔大〕音泰〔共〕音恭子羽曰。小國無罪。

恃實其罪。將恃大國之安靖已。而無乃包藏禍心以圖之。小國失恃。而懲諸侯。使莫不憾者。距違君命。而有所壅塞不行是懼。不然。敝邑館人之屬也。其敢愛豐氏之祧。言小國本有何罪特大國而不戒備以取滅亡則是罪也夫鄭之婚楚本欲恃楚以安靖其國家而楚欲以兵入逆無乃包藏禍心以襲我耶則是使鄭失其所恃而且使諸侯懲此而恨楚自此距違楚命而令不行于諸侯鄭之所懼惟此所以請墠以聽命也若楚無他意則鄭爲往來行李之所供豈敢愛豐氏之廟而不令楚入乎祧廟之兆域卽廟也伍舉知其有備也。請垂櫜而入。許之。正月乙未。入逆而出。遂會于虢。尋宋之盟也。櫜弓衣也垂櫜示無弓也宋盟在襄二十七年櫜音羔祁午謂趙文子曰。宋之盟。楚人得志于晉。今令尹之不信。諸侯之所聞也子弗戒懼又如宋子木之信稱于諸侯猶詐晉而駕焉况不信之尤者乎楚重得志於晉晉之耻也子相晉國以爲盟主于今七年矣再合諸侯三合大夫服齊狄寧東夏平秦亂城淳于師徒不頓國家不罷民無謗讟諸侯無怨天無大災子之力也有令名矣而終之以耻午也是懼吾子其不可以不戒午祁奚子

得志謂先歃盟戒警備也如宋如宋盟之得志也宋之盟子木爲令尹許謂衷甲駕陵駕也尤甚重再也襄二十五年趙武始爲政至今凡七年再合諸侯謂襄二十五年會夷儀二十六年會澶淵三合大夫謂襄二十七年會于宋三十年會澶淵及今會虢也服齊狄謂襄二十八年齊侯白狄朝晉寧東夏謂齊狄既服東方諸侯皆安也平秦亂謂襄二十六年秦晉爲成城淳于謂襄二十九年城杞淳于頓勞頓也罷

微讟誹也重相俱去聲罷音皮讟音讀文子曰。武受賜矣。然宋之盟。子木有禍人之心。武有仁人之心。是楚所以駕于晉也。今武猶是心也。楚又行僭。非所害也。武將信以爲本。循而行之。譬如農夫。是穮是蔉。雖有饑饉。必有豐年。且吾聞之。能信不爲人下。吾未能也。詩云。不僭不賊。鮮不爲則。信也。能爲人則者。不爲人下矣。吾不能是難。楚不爲患。受賜受善言之賜僭不信也穮耘也所以除草蔉耨也所以壅苗言耘耨不息必有豐年之報以喻守信者雖暫有所屈必久有所伸也不爲人下不爲人所屈也未能未能信也詩大雅抑之篇僭不信也賊害人也則法也不能是難言我以不能信爲難不以楚得志爲患也穮音標蔉音袞饉音近鮮上聲○愚按虢之會楚請讀舊書而不盟居然再先於晉矣晉不得已而許之可謂無策趙

武所謂以信爲本者力不能敵而詭爲之辭豈眞仁人之心哉盖自是楚益横而莫能制而晋之霸業遂衰矣

楚令尹圍請用牲讀舊書加于牲上而已晋人許之舊書宋之盟書楚恐晋人爭先歃血故但以舊書加于牲上而不歃血經所以不書盟

三月甲辰盟楚公子圍設服離衛叔孫穆子曰楚公子美矣君哉鄭子皮曰二執戈者前矣蔡子家曰蒲宫有前不亦可乎服君服也離陳也衛待衛也二人執戈陳于前以自衛也君哉服衛似君也禮國君行有二執戈者在前而子圍用之又緝蒲爲王殿屋屛蔽以自殊異子家蔡公孫歸生也言圍既造王宫而居之雖執戈居前亦無所怪也

楚伯州犁曰此行也辭而假之寡君鄭行人揮曰假不反矣伯州犁曰子姑憂子晳之欲背誕也子羽曰當璧猶在假而不反子其無憂

乎。辭辭命假假借伯州犂聞諸大夫譏圍故言圍嘗以辭令假借于君以飾令尹之過不反將遂爲君也襄三十年鄭子晳殺伯有背命放誕將爲國難事在襄三十年故州犂言子羽且自憂此無憂令尹不反也楚公子弃疾事在昭十三年故子羽言當璧之命猶在楚國圍雖得國猶將爲難恐子亦不能無憂也[背]音佩齊國子曰。吾代二子愍矣。陳公子招曰。不憂何成。二子樂矣。衛齊子曰。苟或知之。雖憂何害。宋合左師曰。大國令。小國共。吾知共而已。晉樂王鮒曰。小旻之卒章善矣。吾從之。國子國弱也愍憂也代二子愍言代州犂憂王子圍代子羽憂子晳也公子招哀公弟也言事以能憂而成成則樂齊子即齊惡言苟先知而爲之備雖有憂患無所損害也令命令共共承言小國共承大國之命不知其他小旻詩小雅篇義取非惟暴虎馮河之可畏也不敬小人亦危殆王鮒從斯義故不敢譏議公子圍[樂]音洛[共]音恭[鮒]音付[旻]音民退會。子羽謂子皮曰。叔孫絞而婉。宋左師簡而禮。樂王鮒字而敬。子與子家持之。皆保世之主也。齊衛陳大夫其不免乎。國子代人憂。子招樂憂。齊子雖憂弗害。夫弗及而憂。與可憂而樂。與憂而弗害。皆取憂之道也。憂必及之。大誓曰。民之所欲。天必從之。三大夫兆憂。憂能無至乎。言以知物。其是之謂矣。絞切也叔孫譏子圍似君反謂之美故云婉無所臧否故云簡共事大國故云禮字愛也不犯凶人所以自愛敬子謂子皮持持其兩端無所取與也保世保全世祿也大誓周書篇兆開釁也物類也謂察言以知禍福之類也其後八年陳招殺大子國弱齊惡當身俱無患樂音洛大音泰

○季武子伐莒取鄆。莒人告于會。楚告于晉曰。尋盟未退。而魯伐莒。瀆齊盟。請戮其使。

尋盟尋弭兵之盟瀆慢也齊盟齊一之盟使謂叔孫豹時在會故請戮之樂桓子相趙文子。欲求貨于叔孫而爲之請。使請帶焉。弗與。梁其踁曰。貨以藩身。子何愛焉。桓子即樂王鮒相佐也爲請請免其罪也難言求貨故假以帶爲辭梁其踁叔孫家臣藩猶護也相爲俱去聲叔孫曰。諸侯之會。衛社稷也。我以貨免。魯必受師。是禍之也。何衛之爲。人之有墻。以蔽惡也。墻之隙壞。誰之咎也。衛而惡之。吾又甚焉。雖怨季孫。魯國何罪。叔出季處。有自來矣。吾又誰怨。然鮒也賄。弗與不已。召使者。裂裳帛而與之。曰。帶其褊矣。言我若納貨而免罪諸侯必更伐我國是我適嫁禍于魯也辟之墻以蔽惡而有缺壞則咎在墻我將以衛社稷而乃禍之是吾罪又甚于墻也雖怨季孫之伐莒魯有何罪而使受師乎且叔孫次卿當出使季孫上卿當守國所從來久矣今遇此戮無所怨也裳帛裳下之帛裂裳帛作帶以與使者而曰帶狹所以裂裳示不逆其意也使去聲褊卑跣反趙孟聞之曰臨患不忘國忠也思難不越官信也圖國忘死貞也謀主三者義也有是四者又可戮乎不忘國謂恐魯受師不越官謂叔出季處忘死謂不以貨免主三者以忠信貞爲主也難去聲下同乃請諸楚曰魯雖有罪其執事不辟難畏威而敬命矣子若免之以勸左右可也若子之羣吏處不辟汚出不逃難其何患之有患之所生汚而不治難而不守所由來也能是二者又何患焉不靖其能其誰從之魯叔孫豹可謂能矣請免之以靖能者子會而赦有罪又賞其賢諸侯其誰不

欣焉望楚而歸之。視遠如邇。執事謂叔孫敬命不敢辟戮也勸左右使忠于國也汚穢辱也靖安靖也安靖其能則衆心歸附子謂公子圍赦有罪謂不伐魯賞賢謂赦叔孫視遠如邇言歸楚不憚遠也疆場之邑。一彼一此。何常之有。王霸之令也。引其封疆而樹之官。舉之表旗而著之制令。過則有刑。猶不可壹。於是乎虞有三苗。夏有觀扈。商有姚邳。周有徐奄。自無令王。諸侯逐進。狎主齊盟。其又可壹乎。疆場謂如鄆邑之類一彼一此言或歸于莒或歸于魯也王王三王霸五霸令號令也引正樹立也表旗表識以別之也制令使不得相侵也壹統一也三苗饕餮放三危者觀扈夏二叛國今山東觀城有觀國陝西鄠縣有扈國史記啓與有扈戰于甘之野觀無所考姚邳商二叛國邳今爲南直隸邳州事不可考徐奄周二叛國書序成王伐淮夷遂踐徐奄即淮夷逐猶競也狎更也〔場〕音亦〔扈〕音戶〔姚〕音謠〔邳〕

音丕恤大舍小。足以爲盟主。又焉用之。封疆之削。何國蔑有。主齊盟者。誰能辯焉。吳濮有釁。楚之執事豈其顧盟。莒之疆事。楚勿與知。諸侯無煩。不亦可乎。莒魯爭鄆。爲日久矣。苟無大害於其社稷。可無亢也。去煩宥善。莫不競勸。子其圖之。大謂篡弑臧否小謂彼此侵削焉用不用治魯也辯治也吳濮二國皆楚難言二國事有過差楚必伐之豈復顧弭兵之盟不治其過乎勿與知不必與言無煩不煩往討亢禦也去煩去煩細之事宥善宥善良之人與音預固請諸楚。楚人許之。乃免叔孫。免免其戮令尹享趙孟。賦大明之首章。趙孟賦小宛之二章。大明詩大雅篇首章取其明明在下赫赫在上所以自光大也小宛詩小雅篇二章取其各慎爾儀天命不又所以戒令尹也事畢。趙孟謂叔向曰。令尹自以爲王矣何如對曰王弱令尹彊其可哉雖可不終趙孟曰何故對曰彊以克弱而安之彊不義也不義而彊其斃必速詩曰赫赫宗周褒姒滅之彊不義也令尹爲王必求諸侯晉少懦矣諸侯將往若獲諸侯其虐滋甚民弗堪也將何以終夫以彊取不義而克必以爲道道以淫虐弗可久已矣何如問能成否可哉可成也安習而安也言以臣之彊勝君之弱其心自以爲安是彊而不義也詩小雅正月篇赫赫強盛貌褒姒周幽王后幽王惑之而行不義遂至滅亾盖所謂彊不義也懦弱滋益克勝也道常道也言令尹以彊取國是身爲不義也令尹自見其不義而勝必以爲道之當然凡事皆以淫亂爲道民必不堪不能久有國也已杜預氏云爲十三年楚弑靈王傳〇附錄夏四月趙孟叔孫豹曹大夫

入于鄭。鄭伯兼享之。子皮戒趙孟。禮終。趙孟賦瓠葉。諸大夫會虢而歸故入于鄭戒戒享期也禮終受所戒之禮畢也瓠葉詩小雅篇義取古人不以微薄廢禮雖瓠葉兎首必與賓客享之子皮遂戒穆叔。且告之。穆叔曰。趙孟欲一獻。子其從之。子皮曰。敢乎。穆叔曰。夫人之所欲也。又何不敢。告之告以趙孟所賦詩穆叔悟其旨故知欲一獻敢不敢也夫人謂趙孟及享。具五獻之籩豆于幕下。趙孟辭。私于子產曰。武請于冢宰矣。乃用一獻。趙孟爲客。禮終。乃宴。聘禮卿聘饔餼五牢故卿皆五獻趙孟自以今非聘鄭故辭五獻私語請請賦瓠葉也冢宰謂子皮客上賓也既以一獻成享禮乃折俎以宴宣六年傳云王享有體薦宴有折俎穆叔賦鵲巢。趙孟曰。武不堪也。又賦采蘩。曰。小國爲蘩。大國省穡而用之。其何實非命。子皮賦野有死麕之卒章。趙孟賦常棣。且曰。吾兄弟比以安。尨也可使無吠。鵲巢詩召南篇義取維鵲有巢維鳩居之以喻晉雖有國子孟實治之采蘩亦詩召南篇義取于以采蘩于沼于沚于以用之公侯之事蘩白蒿也既賦詩復言魯之微薄如蘩晉若省愛用之則沼沚俱有隨所命而采之穡愛也野有死麕亦詩召南篇卒章義取舒而脫脫兮無感我帨兮無使尨也吠脫脫安徐也帨謂佩巾尨犬也喻趙孟以義撫諸侯無以非禮相加使犬驚吠也常棣詩小雅篇義取凡今之人莫如兄弟明已欲親兄弟之國且言吾兄弟比合而相安可使無犬吠之驚矣〔省〕直生上〔麕〕九倫反〔尨〕武江反穆叔子皮及曹大夫興拜。舉兕爵曰。小國賴子。知免於戾矣。飲酒樂。趙孟出曰。吾不復此矣。興起也三大夫皆兄弟國故同起而拜兕爵以罰不敬言小國賴趙孟之德以安今而後得免此罰矣時諸侯皆賢大夫又皆欣戴趙孟故樂甚而曰吾不復此已有亾徵焉樂音洛復浮去○附錄天王使劉定公勞趙孟于潁館于雒汭。劉子曰美哉禹功。明德遠矣微禹吾其魚乎吾與子弁冕端委以治民臨諸侯禹之力也子盍亦遠績禹功而大庇民乎趙孟道由周故景王使勞之定公劉夏也潁水名雒水在今河南鞏縣水曲流爲汭觀河洛而思禹功故羡之弁冕皆冠也端正無殺故云端文德之衣尚褒長故云委禮服也言弁冕端委總舉冠衣而言非謂定公趙孟身所自衣也績纂庇覆也勞去聲潁音頴對曰老夫罪戾是懼焉能恤遠吾儕偷食朝不謀夕何其長也言欲苟免目前不能念長久也劉子歸以語王曰諺所謂老將知而耄及之者其趙孟之謂乎爲晉正卿以主諸侯而儕于隸人朝不謀夕弃神人矣神怒民叛何以能久趙孟不復年矣神怒不歆其祀民叛不即其事祀事不從又何以年八十曰耄耄亂也言人年老當有智而昏耄反及之儕等也民爲神主不恤民故神人皆棄不復年不復見明年也杜預氏云爲此冬趙孟卒杞本知音智○陸粲氏曰老而志意衰則語益怠偷斯固中人者之恒態矣若夫年之短長詎可以是必之乎曰神怒民叛趙武之罪亦不及是

○附錄叔孫歸曾夭御季孫以勞之旦及日中不出叔孫自號會歸不出見季孫恨其伐莒使已幾被戮也曾夭季孫家臣曾夭謂曾阜曰旦及日中吾知罪矣魯以相忍爲國也忍其外不忍其內焉用之曾阜叔孫家臣忍外外謂叔孫欲受楚戮不忍內謂日中不出阜曰數月於外一旦於是庸何傷賈而欲贏而惡囂乎阜謂叔孫曰可以出矣數月於外謂叔孫一旦於是謂季孫辟之商賈求利不得惡喧囂之聲意

以季孫貪於取邑宜受慢也叔孫掯楹曰雖惡是其可去乎乃出見之楹柱也掯柱以諭魯有季孫猶屋有柱雖惡之而不能去也○附錄鄭徐吾犯之妹美公孫楚聘之矣公孫黑又使強委禽焉徐吾犯鄭大夫楚與黑皆穆公孫禽鴈也納采以鴈鴈𩿨上聲犯懼告子產子產曰是國無政非子之患也惟所欲與言鄭國之政令不正所以致此犯請於二子請使女擇焉皆許之子晳盛飾入布幣而出子南戎服入左右射超乘而出女自房觀之曰子晳信美矣抑子南夫也夫夫婦婦所謂順也適子南氏女女弟擇自擇也子南即公孫楚布幣陳其聘禮也子晳即公孫黑超乘登車也射御乃丈夫事故云夫也一說以先聘已故爲夫夫乘去聲子晳怒既而櫜甲以見子南欲殺之

而取其妻子南知之執戈逐之及衝擊之以戈子晳傷而歸告大夫曰我好見之不知其有異志也故傷大夫皆謀之子產曰直鈞幼賤有罪罪在楚也先聘子南直也子南用戈子晳直也故云直鈞幼年幼賤官賤子產力未能討故鈞其事而歸罪于卑者好如字愚按子南先聘而子晳強之直在子南也子晳橐甲而子南逐之直亦不在子晳也惡得謂之直鈞耶且子產當國而惟犯所與國政安在犯爲之兄而惟女所擇家政安在異日者子晳驕恣遂謀作亂斯實啓之乃執子南而數之曰國之大節有五女皆奸之畏君之威聽其政尊其貴事其長養其親五者所以爲國也今君在國女用兵焉不畏威也奸國之紀不聽政也子晳上大夫女嬖大夫而弗下之不尊貴也幼

而不忌。不事長也。兵其從兄。不養親也。君曰。余不女忍殺。宥女以遠。勉速行乎。無重而罪。好犯也好國之紀謂傷人忌畏也君鄭君而汝也[女]音汝[長]上聲[從]去聲

五月。庚辰。鄭放游楚于吳。游楚即公孫楚放宥以遠也

將行子南。子産咨于大叔。大叔曰。吉不能亢身。焉能亢宗。彼國政也。非私難也。子圖鄭國。利則行之。又何疑焉。周公殺管叔而蔡蔡叔。夫豈不愛王室故也。吉若獲戾。子將行之。何有于諸游。將行于南將遣之行也咨訪也大叔游楚之兄弟亢蔽也彼謂子南言逐子南乃楚之政令非一己之私讐也上蔡字放也昔周公攝政三叔流言周公乃辟管叔于商因蔡叔于郭鄰杜預氏云爲二年鄭殺公孫黑傳[大]音泰[難]去聲上[蔡]素葛反

◯秦后子有寵于桓。如二君於景。其母曰。弗

去懼選。癸卯。鍼適晉。其車千乘。后子即公子鍼秦桓公子景公母弟其權
寵如兩君於景公之世選數也恐景公數其罪而加戮也(選)息轉反書曰秦伯之弟鍼
出奔晉。罪秦伯也。公羊傳云有千乘之國不能容其母弟故君子謂之出奔后子
享晉侯。造舟于河。十里舍車。自雍及絳。歸取酬幣。終
事八反。造舟于河比其舡而渡以通秦晉之路每十里爲一舍用車八乘爲八反之備雍秦都絳
晉都相去千里用車八百乘以備九獻禮每一獻酒有幣車以隨之后子始自齎其一以爲初獻續八獻
各以次歸載幣相授去而復還終燕事凡八度反也千里用車八百乘乘其二百乘以自隨故云千乘○
季本氏曰竊謂此語皆浮夸也后子尚未爲卿雖富安得遽有千乘且人臣見逐於君雖未竊貲懼有追
奪故士會奔秦荀伯爲之送帑安有自雍及絳八反歸取酬幣者哉司馬侯問焉。曰。子
之車盡于此而已乎。對曰。此之謂多矣。若能少此。吾

何以得見女叔齊以告公且曰秦公子必歸臣聞君子能知其過必有令圖令圖天所贊也司馬侯見后子車多故反言以譏之后子自言已以車多故坐罪出奔女叔齊即司馬侯令善也言必能改過自新也贊助也后子見趙孟趙孟曰吾子其曷歸對曰鍼懼選于寡君是以在此將待嗣君趙孟曰秦君何如對曰無道趙孟曰亾乎對曰何爲一世無道國未艾也國於天地有與立焉不數世淫弗能斃也趙孟曰天乎對曰有焉趙孟曰其幾何對曰鍼聞之國無道而年穀和熟天贊之也鮮不五稔曷歸何時歸也艾絕也有與立言立國于天地之間必有相補助者天天命也鮮少稔年也鮮不五稔言無道反獲天助將恃之而驕其亾必速也趙孟視蔭

曰。朝夕不相及。誰能待五。后子出而告人曰。趙孟將死矣。主民。翫歲而愒日。其與幾何。蔭日景也趙孟意衰故以日景自喻朝夕不相及言人難保朝夕也翫歲愒日言偷安歲日不爲社稷生靈長久計幾何言不能久趙孟果於此歲終〔蔭〕於金反〔與〕如字〇附錄鄭爲游楚亂故。六月。丁巳。鄭伯及其大夫盟于公孫段氏。罕虎公孫僑公孫段印段游吉駟帶私盟于閨門之外。實薰隧。游楚即子南閨門鄭城門薰隧門外道六卿又私爲盟杜預氏云實之者爲明年子產數子晳罪稱薰隧盟起本公孫黑強與於盟。使大史書其名。且曰七子。子產弗討。子晳欲自同於六卿使書七子子產懼其強故弗討〔與〕去聲〔大〕音泰〇晉中行穆子敗無終及羣狄于大原。崇卒也。穆子即荀吳無終山戎大原即大鹵今爲山東大原縣崇尚也將戰。魏舒曰。彼徒我車。所遇又阨。以什共車必克。困諸阨。又克。請皆卒。自我始。乃毀車以爲行。五乘爲三伍。荀吳之嬖人不肯卽卒。斬以狥。爲五陳以相離。兩于前。伍于後。專爲右角。參爲左角。偏爲前拒。以誘之。翟人笑之。未陳而薄之。大敗之。

徒步阨險也周禮十人爲什共當也舒以車利平地步利險阻故言彼步我車所遇又險將何以勝若不用車更十人以當一車之用則步卒多戰必勝卽遇險道則步卒利又無不勝前此車步參用未有皆用卒者今自我創始乃先自毀其屬車爲步陳乘車者車三人五車十五人今改去車更以五人爲伍分爲三伍因斬主將之嬖人違命者以狥布置五陳以相遠於前爲兩於後爲伍右角爲專左角爲參前拒爲偏皆臨時所定之名卽所謂五陳也狄人笑其失常猶未陳爲晉人所迫大敗薄迫也杜預氏云傳言荀吳能用善謀　共音恭　陳音陣　○莒展

與立而奪羣公子秩。公子召去疾于齊。秋。齊公子鉏納去疾。展輿奔吳。展輿立在襄三十一年秩祿秩齊雖納去疾莒人先召之故經從國逆例書入展輿吳出故奔吳○叔弓帥師疆鄆田。因莒亂也。此春魯取鄆今因其亂正其封疆於是莒務婁瞀胡及公子滅明。以大厖與常儀靡奔齊。三人皆展輿黨大厖常儀靡莒二邑瞀音茂君子曰。莒展之不立。棄人也夫。人可棄乎。詩曰。無競惟人。善矣。莒展即展輿棄人謂奪羣公子秩詩周頌烈文篇競強也言惟得人則國家強○愚按展輿與弒君者也其不得立以此而區區歸咎於棄人豈棄人之惡浮於弒君也耶籍令展輿但勿棄人以終其不義之身將遂可以爲善乎○附錄晉侯有疾。鄭伯使公孫僑如晉聘。且問疾。叔向問焉。曰。寡君之疾病。卜人曰。實沈臺駘爲祟。

史莫之知。敢問此何神也。實沈臺駘二神名祟神禍也叔向以子產博識問之駘音臺祟音歲子產曰。昔高辛氏有二子。伯曰閼伯。季曰實沈。居于曠林。不相能也。日尋干戈。以相征討。后帝不臧。遷閼伯於商丘。主辰。商人是因。故辰爲商星。遷實沈于大夏。主參。唐人是因。以服事夏商。其季世曰唐叔虞。當武王邑姜方震大叔。夢帝謂己。余命而子曰虞。將與之唐。屬諸參。而蕃育其子孫。及生有文在其手曰虞。遂以命之。及成王滅唐而封大叔焉。故參爲晉星。由是觀之。則實沈參神也。高辛氏帝嚳也曠林地闕后帝堯也不臧不善其所爲也商丘宋地辰火星也主辰謂主祀辰星商之先祖相土封於商丘因閼伯之故國故大火爲商國之星大夏晉地參參水星也主參謂主祀參星兗之子孫若劉累等襲封於大夏者因實沈之故國自唐虞歷夏商世爲諸侯季世即唐末世其末君曰叔虞周武王之后邑姜所生齊大公之女也震懷娠也上帝將以唐人所封大夏與之故取唐君之名以名大叔既見于夢又徵于手於是遂命大叔曰虞及成王滅夏商傳國之唐而封叔虞于唐是爲晉之始祖晉是唐地屬參故參爲晉主星觀此源流則知實沈是晉地主祀參星之辰也闕音遏大叔音泰**昔金天氏有裔子曰昧。爲玄冥師。生允格臺駘。臺駘能業其官。宣汾洮。障大澤。以處大原。帝用嘉之。封諸汾川。沈。姒。蓐。黃。實守其祀。今晉主汾而滅之矣。由是觀之。則臺駘。汾神也。**金天氏少昊也裔遠也玄冥水官師長也業其官能纂昧之職也宣騈通也汾洮二水障堤防也大原晉陽也帝謂顓項沈姒蓐黃四國臺駘之後守其祭祀今晉主有汾川之地并滅四國觀此源流則知臺駘是主汾川祭祀之神也[裔]音曳[大]音泰[沈]音審抑此二者不及君身山川之神則水旱癘疫之災於是乎禜之日月星辰之神則雪霜風雨之不時於是乎禜之若君身則亦出入飲食哀樂之事也山川星辰之神又何爲焉二謂二神不及君身言不能降禍於君身以生疾病也山川之神謂若臺駘爲汾神之類水旱癘疫在地之災山川帶地故有災則祭之日月星辰之神謂若實沈爲參神之類雪霜風雨天氣所降日月麗天故有不時則祭之[禜]音詠僑聞之君子有四時朝以聽政晝以訪問夕以修令夜以安身於是乎節宣其氣勿使有所壅閉湫底以露其體茲心不爽而昏亂百度今無乃壹之則生疾矣宣散也壅謂氣止而不行閉謂氣聚而不通湫謂氣集而不散底謂氣滯而不快露羸瘠也爽明也茲此也言

君子於一日之中分爲四時各治其事旦氣清明人事之始則以聽治國政日中爲市衆之所聚則以訪問可否晝之所爲夕必念之則以修治號令夜氣所存良心可復則以安養身體以此四時節之務使勞逸更遞以散其氣不使有壅閉湫底四者之患以致于羸瘠而筋骸是露也神形相依形弱則神亦衰故此心不明照察失宜而昏亂百事之節度君子所以節宣其氣也今晉君無乃惑于女色而壹其四時乎則節宣不以其道而生疾病矣朝如字湫焦上

僑又聞之。內官不及同姓。其生不殖。美先盡矣。則相生疾。君子是以惡之。故志曰。買妾不知其姓。則卜之。違此二者。古之所愼也。男女辯姓。禮之大司也。今君內實有四姬焉。其無乃是也乎。若由是二者。弗可爲也已。四姬有省猶可。無則必生疾矣。內官嬪御之屬殖長也言內官若取同姓則夫妻生疾命不得長何者人於同姓先自相美若又爲夫婦則其美尤極美極不復生美乃相厭患而生疾疾病所以其其生不殖而君子惡之不取也志記也買妾必卜以卜而得吉必非同姓也二者謂壹四時取同姓二者之事辯別也四姬謂姬姓之嬪御四人取同姓也爲猶治也省減也言四姬之外若有異姓之女接御於公減省公之寵愛疾猶可已否則必美盡而生疾也惡取俱去聲叔向曰善哉肸未之聞也此皆然矣肸叔向名子産所言壹四時取同姓二事皆是叔向出行人揮送之叔向問鄭故焉且問子晳對曰其與幾何無禮而好陵人怙富而卑其上弗能久矣幾何言子晳將敗不久也杜預氏云爲明年鄭殺公孫黑傳

晉侯聞子産之言曰博物君子也重賄之博物該博事物也

晉侯求醫於秦秦伯使醫和視之曰疾不可爲也是謂近女室疾如蠱非鬼非食惑以喪志良臣將死

天命不祐秦多產良醫故晉求之和醫名心志惑亂曰蠱公非蠱而惑于女色失其常性如彼惑蠱之疾也鬼鬼神食祭祀惑惑于女言公病非由此二者乃惑于女色致之也良臣不能匡救君過故將亡故而不為天所祐公曰女不可近乎對曰節之先王之樂所以節百事也故有五節遲速本末以相及中聲以降五降之後不容彈矣於是有煩手淫聲慆堙心耳乃忘平和君子弗聽也物亦如之至於煩乃舍也已無以生疾君子之近琴瑟以儀節也非以慆心也女之為節不可得言故以樂譬之降罷退也物即百事謂如女色之類言先王制為聲樂所以限節百事故為樂有五聲之節為聲有遲有速從本至末緩急相及使得中和之聲中和之聲既成則樂即罷退以俟五聲皆罷退之後不復彈作若復彈作則雜聲並奏非彈之正是為煩手非聲之正是為淫聲故慆慢人心堙塞

人耳使人失平和之性所謂鄭衛之聲故君子弗聽樂之有節如此在百事亦然百事而至于過多則合而不爲劾生疾也儀法也又言君子于琴瑟不去身者使爲心之儀節動不過度非以慆慢其心也此言晉君不節女色【慆】音謟【堙】音因

天有六氣。降生五味。發爲五色。徵爲五聲。淫生六疾。六氣曰陰陽風雨晦明也。分爲四時。序爲五節。過則爲菑。陰淫寒疾。陽淫熱疾。風淫末疾。雨淫腹疾。晦淫惑疾。明淫心疾。女陽物而晦時。淫則生内熱惑蠱之疾。上既以樂譬女色此又本諸上天之物皆不得過度以終物亦如之之意言天有六氣而五行實運于其中故降之而爲五味金味辛木味酸水味鹹火味苦土味甘也發之而爲五色鹹色黑苦色赤酸色赤辛色白甘色黃也徵之而爲五聲黑聲羽赤聲徵青聲角白聲商黃聲宮也淫過也氣味聲色皆所以養生而不可過過則六疾生也又言六氣之化分爲春溫夏熱秋凉冬寒之時序此四時以爲五行之節計一年三百六十五日春木夏火秋金冬水各主七十二日土無定方分主四季之末各十八日亦七十二日受用六氣有過度者則生六疾上文云淫生六疾總謂氣味聲色此云過則爲災獨言六氣之過過卽淫也陰過則寒冷陽過則熱渴風過則手足緩急末手足也雨過則腹腸泄注晦夜也宴寢過則惑亂其志明晝也思慮煩多則勞敝其心男爲陽女爲陰女常隨男故爲陽家之物進御在夜故其時爲晦若過用之則生内熱惑蠱之疾盖所謂陽淫晦淫也一曰陰中有陽故女爲陽物此言晉君不時女色今君不節不時。能無及此乎。總言晉君御于女色不得其節不以其時出告趙孟。趙孟曰。誰當良臣。對曰。主是謂矣。主相晉國於今八年。晉國無亂。諸侯無闕。可謂良矣。和聞之。國之大臣。榮其寵祿。任其大節。有菑禍興而無改焉。必受其咎。今君至於淫以生疾。將不能圖恤社稷。禍孰大焉。主不能禦。吾是以云也。主謂趙孟無闕無肯叛者改改行也言國家將有失道之禍而大臣不能改行以救止之不能禦即所謂無改也云即良臣將死之言趙孟曰。何謂蠱。對曰。淫溺惑亂之所生也。於文。皿蟲爲蠱。穀之飛亦爲蠱。在周易。女惑男。風落山。謂之蠱。䷑皆同物也。溺沉沒也文字皿器也蟲字下皿上蟲器受蟲害謂之蠱蠱積穀久而化飛蟲亦謂之蠱周易蠱卦巽爲長女艮爲少男以長女而蠱惑少男巽爲風艮爲山有風激而吹落山木二者皆蠱惑之象故卦謂之蠱物猶類也言三者于蠱皆同類也趙孟曰。良醫也。厚其禮而歸之。○傳遜氏曰和之論通于天人之秘性命之微其關于君德治道非細也

○楚公子圍使公子黑肱。伯州犁城犨櫟郟。鄭人懼。子產曰。不害。令尹將行大事而先除二子也。禍不及

鄭何患焉。黑肱王子圍弟子晳也犨今爲河南魯山縣郟今爲郟縣犨櫟本皆鄭地時屬楚故城之鄭懼以其逼己也行大事謂將弒君二子黑肱州犁也犨直州反櫟音歷郟音夾

冬。楚公子圍將聘于鄭。伍舉爲介。未出竟。聞王有疾而還。伍舉遂聘。十一月。己酉。公子圍至。入問王疾。縊而弒之。遂殺其二子幕及平夏。右尹子干出奔晉。宮廄尹子晳出奔鄭。殺大宰伯州犁于郟。葬王于郟。謂之郟敖。介副也縊絞也以冠纓絞之幕平夏皆郟敖子子干王子比也亦圍弟楚人謂未成君爲敖葬于郟故云郟敖

使赴于鄭。伍舉問應爲後之辭焉。對曰。寡大夫圍。伍舉更之曰。共王之子圍爲長。伍舉時奉使在鄭故問赴者以應立楚後之辭子圍以令尹代立故稱寡大夫伍舉更易其辭使若應立者告終稱嗣不以篡弒赴諸侯共音恭○

愚按楚子麇之死據戰國策載楚公子圍以冠纓絞王殺之因自立是實弒也然春秋則書卒矣又據子夏傳靈王虔與令尹圍本是兩人而郟敖之卒實以疾是非弒也左氏又何以稱弒儒者疑之或曰以瘧疾赴也則商臣弒君未嘗顯告諸侯而春秋書弒何獨于圍而從其僞赴乎或曰以中之會爲中國諱也則商臣弒君使椒聘魯魯人受之春秋曷不爲我國諱而顧爲諱列國乎此蓋信傳之過因曲爲之說以求合經而不知於聖人之旨益晦而不明也愚謂凡經傳不同且當以經爲正

子干奔晉從車五乘叔向使與秦公子同食皆百人之餼五乘言少也同食同其食祿百人一卒也其祿足供百人趙文子曰秦公子富叔向曰底祿以德德鈞以年年同以尊公子以國不聞以富且夫以千乘去其國彊禦已甚詩曰不侮鰥寡不畏彊禦秦楚匹也使后子與子干齒文子謂后子富強祿秩不宜與子干同底

致也以國言以國之大小爲高下詩大雅烝民篇侮陵也彊禦強悍也匹配也言秦楚俱大國齒齊列也[底]音旨辭曰。鍼懼選。楚公子不獲。是以皆來。亦唯命。且臣與羈齒。無乃不可乎。史佚有言曰。非羈何忌。后子言鍼恐秦數罪受誅楚公子不得自安是以皆來奔晉其奔雖同事有優劣唯主人命所處爾又言鍼已先仕爲臣于干後至猶爲羈客不可與之齊列蓋譏辭也忌敬也引史佚言惟羈客當敬○附錄楚靈王卽位。薳罷爲令尹。薳啓彊爲大宰。靈王公子圍也卽位易名熊虔[大]音泰鄭游吉如楚。葬郟敖。且聘立君。歸謂子產曰。具行器矣。楚王汏侈而自說其事。必合諸侯。吾往無日矣。子產曰。不數年。未能也。行器如楚之器備言當預具也往往會楚也子產策其先定內而後能事外故必數年杜預氏云爲四年會申傳[汏]音泰[說]音悅○附錄十二月。

晉既烝。烝冬祭也趙孟適南陽。將會孟子餘。甲辰朔。烝于温。孟子餘即趙衰趙武適南陽之温邑將會祭其曾祖趙衰杜預云甲辰十二月朔晉既烝趙乃烝其家廟則晉烝當在甲辰之前傳言十二月月誤庚戌。卒。鄭伯如晉弔。及雍乃復。傳趙孟卒以終劉定公之言復還也蒸趙孟氏辭之杜預氏云傳言大夫彊諸侯畏而弔之

春秋左傳註評測義卷之四十六終

春秋左傳註評測義卷之四十七

明吳興後學淩稚隆輯著

昭公二

經 辛酉二年。楚靈王元年春。晉侯使韓起來聘。○夏叔弓如晉。叔弓叔老子○秋。鄭殺其大夫公孫黑。稱國以殺罪累上也○冬。公如晉。至河乃復○季孫宿如晉。

傳 二年。春。晉侯使韓宣子來聘。且告爲政。而來見禮也。宣子即韓起昭公即位起又代趙武爲政故來聘盟主而修好同盟故云禮○季本氏曰韓起代武爲政欲致諸侯故親來聘魯惜乎人心已散勢不易同而德又不足以服人卒不免於示威平丘爾觀書於大史氏。見易象與魯春秋。曰。周禮盡在魯矣。吾乃今知周公之德與周之所以王也易象上下經之象辭魯春秋史記之策書二書載文王周公之德與制故云周禮盡在魯當時儒道廢諸國多闕惟魯備故宣子見而説之公享之季武子賦緜之卒章韓子賦角弓季武子拜曰敢拜子之彌縫敝邑寡君有望矣武子賦節之卒章緜詩大雅篇卒章義取文王有先後奔走蹤附禦侮四臣所以受命以此晉侯有韓起也角弓詩小雅篇義取兄弟婚姻無胥遠矣言兄弟之國宜相親也彌縫猶補合也謂以兄弟之義相補合也節詩小雅篇名卒章義取式訛爾心以畜萬邦言晉德可以畜萬邦也既享宴于季氏有嘉樹焉宣子譽之武子曰宿敢不封殖此樹以無忘角弓遂賦甘棠宣子曰起不堪也無以及召公譽譽其樹美封厚殖長也甘棠詩召南篇召伯嘗息于甘棠之下詩人思之而愛其樹故武子賦甘棠以宣子比召

公明已亦欲封殖嘉樹也宣子遂如齊納幣。見子雅。子雅召子旗使見宣子。宣子曰。非保家之主也。不臣。見子尾。子尾見彊。宣子謂之如子旗。大夫多笑之。唯晏子信之。曰。夫子君子也。君子有信。其有以知之矣。納幣爲平公聘少姜也子旗子雅之子不臣以其志氣亢將有無君心也彊子尾之子夫子謂韓起知之言其言不妄也杜預氏云爲十年齊欒施高彊來奔張本自齊聘於衛。衛侯享之。北宮文子賦淇澳。宣子賦木瓜。淇澳詩衛風篇美武公也言宣子有武公之德木瓜亦詩衛風篇義取欲厚報以爲好也○附錄夏四月。韓須如齊逆女。齊陳無宇送女致少姜。少姜有寵於晉侯。晉侯謂之少齊。須韓起之子逆女逆少姜也以其齊女故别號少齊以寵異之謂陳無宇非卿。執諸中都。少姜為之請曰。送從逆班。畏大國也。猶有所易。是以亂作。晉侯欲使齊以適夫人禮送少姜故以無宇非卿而執之中都晉邑今山西介休縣有中都城班列也昏禮諸侯以下法當親迎有故得使卿若晉以少姜為夫人當以上卿逆則齊亦以上卿送今齊畏晉之威猶有所更易其禮故晉以公族大夫韓須逆而齊以上大夫無宇送之是以致此執辱之亂少姜蓋反其辭以示譏也

○叔弓聘于晉。報宣子也。此春韓宣子來聘故報之晉侯使郊勞。辭曰。寡君使弓來繼舊好。固曰。女無敢為賓。徹命于執事。敝邑弘矣。敢辱郊使。請辭。聘禮賓至郊君使卿勞之固固當謂我言也徹達弘大也言得達命于晉君魯之受賜大矣致館。辭曰。寡君命下臣來繼舊好。好合使成。臣之祿也。敢辱大館。致館將授館舍也好合和好既合使成使事告成祿榮祿也叔向曰。子叔子知禮哉。

吾聞之曰忠信禮之器也卑讓禮之宗也辭不忘國忠信也先國後己卑讓也詩曰敬慎威儀以近有德夫子近德矣器物宗主也兩言國君使之不忘國也始稱敎邑先國也次稱臣之祿後己也詩大雅民勞篇夫子謂叔弓近德近于有德

○秋鄭公孫黑將作亂欲去游氏而代其位傷疾作而不果駟氏與諸大夫欲殺之游氏大叔族前年黑爲游楚所傷故欲害其族而代游吉之卿位駟氏黑之族惡其爲亂恐并及故欲殺之子產在鄙聞之懼弗及乘遽而至使吏數之曰伯有之亂以大國之事而未爾討也爾有亂心無厭國不女堪專伐伯有而罪一也昆弟爭室而罪二也薰隧之盟女矯君位而罪三也有死罪三何以堪之

不速死大刑將至遽驛騎也以車曰傳以馬曰遽子晳伐伯有在襄二十一年當其時務共大國之命不暇治汝罪而汝也爭室謂子晳南爭徐吾犯之妹薰隧之盟在前年矯君位謂使大史書七子大刑將至言將明正典刑也再拜稽首辭曰死在朝夕無助天為虐子產曰人誰不死凶人不終命也作凶事為凶人不助天其助凶人乎言已傷重不久將死天已虐我無更助之不終不以壽終也命謂天命當如是請以印為褚師子產曰印也若才君將任之不才將朝夕從女女罪之不恤而又何請焉不速死司寇將至印子晳之子褚師市官從女從女以死將至將斷汝罪而殺之七月壬寅縊尸諸周氏之衢加木焉衢道也書其罪於木以加尸上○晉少姜卒公如晉及河晉侯使士文伯來辭曰非伉儷

也。請君無辱。公還。季孫宿遂致服焉。晉侯溺于所愛爲少姜行夫人之服故諸侯來弔不敢以私煩諸侯故使來辭之伉敵儷耦也言非嫡夫人也致服致少姜之襚服于晉也公實以秋行冬還乃書故經書冬○愚按晉以少姜非伉儷辭公公見辭乃復未爲失禮其失在公不能守正而妄動所謂恭不近於禮不能遠耻辱者公也至如季孫宿如晉蓋公既返矣猶有所未盡于心故遣宿將命以終其事焉耳此理易見而公羊曰至河乃復不敢進也穀梁曰耻如晉著有疾也公不得入宿得入惡季孫宿也何氏曰乃者難辭也反使聖人之意晦而不明恐皆非也叔向言陳無宇於晉侯曰。彼何罪。君使公族逆之。齊使上大夫送之。猶曰不共。君求以貪。國則不共。而執其使。君刑已頗。何以爲盟主。且少姜有辭。冬。十月。陳無宇歸。前執無宇猶未釋故叔向言之彼謂無宇言送過逆班猶以齊爲不共是晉之求齊已貪乃晉國之不共也頗

不平也辭請無宇之辭○附錄十一月鄭印段如晉弔弔少姜也

經壬戌三年春王正月丁未滕子原卒○夏叔弓如滕○五月葬滕成公○秋小邾子來朝○八月大雩○冬大雨雹無傳記災也○北燕伯款出奔齊

傳三年附錄春王正月鄭游吉如晉送少姜之葬梁丙與張趯見之梁丙曰甚矣哉子之為此來也丙趯皆晉大夫吉以卿而送妾之葬故丙譏其過禮之甚趯他歷反子大叔曰將得已乎昔文襄之霸也其務不煩諸侯令諸侯三歲而聘五歲而朝有事而會不協而盟君薨大夫弔卿共葬事夫人士弔大夫送葬足以昭禮命事謀闕而已無加命矣

今嬖寵之喪不敢擇位而數於守適唯懼獲戾豈敢
憚煩少姜有寵而歿齊必繼室今茲吾又將來賀不
唯此行也將得已言不得已也文襄晉文公襄公王制歲聘問朝文襄朝聘之令較之爲簡王
制諸侯之喪士弔大夫送葬晉喪制較之爲過昭禮以朝聘言命事以盟會言謀闕以弔葬言無加無增
加也守適守內官之適長言少姜嬖寵鄭不敢計其位卑而弔葬之禮數比于適夫人齊必繼室言復荐
女也〔大〕音泰〔共〕音恭〔適〕音嫡〔數〕上聲張趯曰善哉吾得聞此數也然自
今子其無事矣譬如火焉火中寒暑乃退此其極也
能無退乎晉將失諸侯諸侯求煩不獲數禮數無事無復弔賀之
事火心星心以季夏昏中而暑退季冬旦中而寒退極則必退理之必然以喻晉強之極宜漸衰弱將不
得霸諸侯無復弔賀之煩也二大夫退子大叔告人曰張趯有知

其猶在君子之後乎言君子當爲尊者諱今一大夫不爲國隱卽使張趯有智猶不得爲君子之智也[知]音智〇丁未滕子原卒同盟故書名〇滕入春秋以來未嘗書滕子名故於此傳重發之〇附録齊侯使晏嬰請繼室於晉曰〇寡君願事君朝夕不倦將奉質幣以無失時則國家多難是以不獲不腆先君之適以備內官焜燿寡人之望則又無祿早世隕命寡人失望君若不忘先君之好惠顧齊國辱收寡人徼福於大公丁公照臨敝邑鎭撫其社稷則猶有先君之適及遺姑姊妹若而人君若不弃敝邑而辱使董振擇之以備嬪嬙寡人之望也時晉雖失德猶强齊以寵其女爲國幸而後請爲繼無失時無失朝夕之時不獲不得自

氷也適嫡生謂少姜焜明耀照也無禄不幸也收恤徼要也大公丁公齊之先君先君之適謂適夫人所生遺餘也非夫人所生者若而人不敢自譽也董正振整也言辱使者至齊正整而選擇之示精審也嬙嬙婦官名〔質〕音贄〔難〕去聲〔焜〕音混〔嬙〕音墻

韓宣子使叔向對曰寡君之願也寡君不能獨任其社稷之事未有伉儷在縗絰之中是以未敢請君有辱命惠莫大焉若惠顧敝邑撫有晉國賜之内主豈唯寡君舉羣臣實受其既其自唐叔以下實寵嘉之 少姜本非正夫人故云未有伉儷唐叔晉之祖〔任〕去聲〔縗〕倉回反

既成昏晏子受禮叔向從之宴相與語叔向曰齊其何如 成昏許昏之成受禮受賓享之禮何如問其興衰也

晏子曰此季世也吾弗知齊其爲陳氏矣公弃其民而歸於陳氏齊舊

四量豆區釜鍾。四升爲豆。各自其四。以登於釜。釜十則鍾。陳氏三量皆登一焉。鍾乃大矣。以家量貸。而以公量收之。山木如市。弗加於山。魚鹽蜃蛤。弗加於海。田氏謀齊厚施於民以陰移之晏子以爲憂因與叔向語弗知弗知其他也田出於陳故云陳氏公謂公室量斗斛總名豆區釜鍾四量別名四升爲豆四豆得升一斗六升爲區四區得六斗四升爲釜釜十則六石四斗而爲鍾此公量也陳氏於其公量皆十分而加一每量而積之以至於鍾則於公鍾加六斗四升故云鍾乃大登成也以私家加一之量貸于民而以公室舊量收歛于民言厚貸而薄取也加徃也蜃大蛤也在山在海與在市同價言不取利也此節言民歸陳氏區音甌蜃辰去聲民參其力。二入於公。而衣食其一。公聚朽蠹。而三老凍餒。國之諸市屨賤踊貴。力謂租稅言民力所得財賦以三分計之其一分入于公室而民所得爲衣食者但一分耳公聚公家積聚朽蠹言無所用也上壽百歲以上中壽九十以上下壽八十以上踊刖足者屨也刖足者多屨無用故屨賤踊貴此節言公弃其民

民人痛疾而或燠休之其愛之如父母而歸之如流水欲無獲民將焉辟之箕伯直柄虞遂伯戲其相胡公大姬已在齊矣燠休痛念聲或謂陳氏箕伯以下四人皆舜後陳氏之先胡公四人之後周始封陳之祖大姬其妃也相隨也言陳氏將代有齊國其先祖神靈已與胡公大姬共在齊求享矣此節言齊爲陳氏燠於喻反辟音避大音泰

叔向曰然雖吾公室今亦季世也戎馬不駕卿無軍行公乘無人卒列無長庶民罷敝而宮室滋侈道殣相望而女富溢尤民聞公命如逃寇讎欒郤胥原狐續慶伯降在皁隸政在家門民無所依君日不悛

以樂慆憂。公室之卑。其何日之有。讒鼎之銘曰。昧旦丕顯。後世猶怠。況日不悛。其能久乎。時晉衰弱不能征伐公乘謂爲御爲右者百人爲卒無人無長言人非其人長非其長也滋益也餓殍爲殣女謂女寵之家滋尤富貴過甚也欒郤以下八姓皆晉世臣皂隸賤官大夫册家悛改也樂指宮室嬪妾言慆藏也言藏憂愁於樂中也何日不久也讒鼎名昧旦早起也丕大也言夙興大明政事後世子孫猶有怠解行音杭長上聲罷音皮殣音近慆音叨

晏子曰。子將若何。叔向曰。晉之公族盡矣。肸聞之。公室將卑。其宗族枝葉先落。則公從之。肸之宗十一族。唯羊舌氏在而已。肸又無子。公室無度。幸而得死。豈其獲祀。若何問何以免此難公公室同祖爲宗無子無賢子無度無法度

初景公欲更晏子之宅曰。子之宅近市。湫隘囂塵。不

可以居請更諸爽塏者辭曰君之先臣容焉臣不足以嗣之於臣侈矣且小人近市朝夕得所求小人之利也敢煩里旅公笑曰子近市識貴賤乎對曰既利之敢不識乎公曰何貴何賤於是景公繁於刑有鬻踊者故對曰踊貴屨賤既已告於君故與叔向語而稱之景公為是省於刑君子曰仁人之言其利博哉晏子一言而齊侯省刑詩曰君子如祉亂庶遄已其是之謂乎湫下隘小囂聲塵土爽明塏燥也先臣晏子之先容容居也旅衆也不敢勞衆為已宅也時景公繁刑刖者多致踊鬻于市故踊貴屨賤之言晏子先已告君而後語叔向出於忠悃也詩小雅巧言篇言君子行祉則亂自疾止杜預氏云傳譏晏子令不與張趯同譏(更)平聲(湫)子小反(塏)音愷(鬻)

音育。爲去聲。遍音船。及晏子如晉。公更其宅。反則成矣。既拜。乃毀之而爲里室。皆如其舊。則使宅人反之。且諺曰。非宅是卜。唯隣是卜。二三子先卜隣矣。違卜不祥。君子不犯非禮。小人不犯不祥。古之制也。吾敢違諸乎。卒復其舊宅。公弗許。因陳桓子以請。乃許之。如晉卽上文請繼室。更宅更於別地拜謝新宅也景公本壞里室爲晏子宅今晏子復爲之如舊使原居者皆反居之二三子●謂隣人言隣人居于此者其初卜與我爲隣吉矣一旦違卜而遷居必不祥去儉卽奢爲非禮違卜遷居爲不祥吾不敢違古之制使已犯非禮人犯不祥杜預氏云傳言齊晉之衰賢臣懷憂且言陳氏之興

○附録　夏四月。鄭伯如晉。公孫段相。甚敬而卑。禮無違者。晉侯嘉焉。授之以策曰。子豐有勞於晉國。余聞而

弗忌賜女州田以胙乃舊勳伯石再拜稽首受策以出策賜命之書子豐段之父因子而思其父之勳其勳無考聞聞其事也州晉邑胙禄以報之也相去聲女音汝君子曰禮其人之急也乎伯石之汰也一爲禮於晉猶荷其祿況以禮終始乎詩曰人而無禮胡不遄死其是之謂乎汰驕也荷祿謂賜州田詩鄘風相鼠篇遄疾也汰音泰初州縣欒豹之邑也及欒氏亡范宣子趙文子韓宣子皆欲之文子曰溫吾縣也二宣子曰自郤稱以別三傳矣晉之別縣不唯州誰獲治之文子病之乃舍之二子曰吾不可以正議而自與也皆舍之及文子爲政趙獲曰可以取州矣文子曰退二子之言義也違義

禍也。余不能治余縣，又焉用州？其以徼禍也。君子曰：弗知實難，知而弗從，禍莫大焉。有言州必死。欒豹，盈之族。州本屬溫，溫，趙氏邑，今俱屬河南懷慶府。郤稱，晉大夫，始受州，與溫別，至今傳三家。晉之縣舊屬而今不屬者甚多，焉得追治而取之？二子，二宣子。趙獲，趙文子之子。退，使獲退也。徼，要也。有言州，有言反州者。豐氏故主韓氏，伯石之獲州也，韓宣子為之請之，為其復取之之故。故猶舊也。豐氏至晉，舊以韓氏為主人，故韓宣子為伯有請州，意若後日州復歸晉，因欲自取之。杜預氏云：為七年豐氏歸州張本。為，去聲。

○五月，叔弓如滕，葬滕成公，子服椒為介。及郊，遇懿伯之忌，敬子不入。惠伯曰：公事有公利，無私忌，椒請先入。乃先受館。敬子從之。介，副使也。懿伯，椒叔父。忌猶仇怨也。敬子即叔弓。敬子不入，欲使椒避叔父之仇。惠伯即子服赦公利公家之利杜預氏云傳言叔弓有禮◯附録晉韓起如齊逆女公孫蠆爲少姜之有寵也以其子更公女而嫁公子人謂宣子子尾欺晉晉胡受之宣子曰我欲得齊而遠其寵寵將來乎蠆以少姜得寵于晉之故自以其女易公之女而更嫁公女公子卽公女子尾卽蠆有寵于齊宣子言遠子尾則齊不來爲少遠俱去聲○愚按晉平公雖寵少姜陳無宇且以非卿見執矣蠆也誠慕其寵能不畏晉之強耶而輒以已女易公女卽使齊之君大夫其心焉韓起承君命而來毋寧受其欺而不之詰撿之情理詎當爾乎恐失之誣◯附録秋七月鄭罕虎如晉賀夫人且告曰楚人日徵敝邑以不朝立王之故敝邑之往則畏執事其謂寡君而固有外心其不往則宋之盟云進退罪也寡君使虎布之徵召也時楚靈王新立鄭

不往朝宋之盟云晉楚之從交相見也往則晉罪不往則楚罪故云進退罪也宣子使叔向對曰君若辱有寡君在楚何害脩宋盟也君苟思盟寡君乃知免於戾矣君若不有寡君雖朝夕辱於敝邑寡君猜焉君實有心何辱命焉君其往也苟有寡君在楚猶在晉也思盟則必不叛晉故晉免於戾猜疑也有心言有寡君與不有寡君皆在君心何辱命不須問晉也猜七才反張趯使謂大叔曰自子之歸也小人糞除先人之敝廬曰子其將來今子皮實來小人失望大叔曰吉賤不獲來畏大國尊夫人也且孟曰而將無事吉庶幾焉糞除掃除也子其將來以此春大叔有又將來賀之言故也賤謂非上卿孟趯之字而汝也而將無事此春張趯慰吉之言庶幾或如其言也○小邾穆

公來朝。季武子欲卑之。穆叔曰。不可。曹滕二邾實不忘我好。敬以逆之。猶懼其貳。又卑一睦焉。逆羣好也。其如舊而加敬焉。志曰。能敬無災。又曰。敬逆來者。天所福也。季孫從之。卑之不欲以諸侯禮待之二邾謂邾與小邾一睦謂小邾好去聲

○八月。大雩。旱也。○附錄齊侯田於莒。盧蒲嫳見。泣且請曰。余髮如此種種。余奚能爲。公曰。諾。吾告二子。歸而告之。子尾欲復之。子雅不可。曰。彼其髮短而心甚長。其或寢處我矣。九月。子雅放盧蒲嫳于北燕。莒齊東境嫳慶封之黨襄二十八年放于東境故因見而請之種種短也自言老不能爲害二子謂子雅子尾先是盧蒲嫳對二子云辟之如禽獸吾寢處之矣故子雅述其前言見其故知猶存恐復作亂故放之燕見音

現○燕簡公多嬖寵欲去諸大夫而立其寵人冬燕大夫比以殺公之外嬖公懼奔齊書曰北燕伯款出奔齊罪之也燕大夫更相親比合謀以殺公之嬖寵在外者見逐于臣而以自奔爲文罪其君不能自安也杜預氏云欵罪輕于衛衎重于蔡朱故舉中示例○附錄十月鄭伯如楚子產相楚子享之賦吉日既享子產乃具田備王以田江南之夢吉日詩小雅篇宣王田獵之詩楚王欲與鄭伯共田故賦之田備田獵之備楚之雲夢跨江南北今湖廣德安府有雲夢縣蓋江北之夢或曰巴丘湖蓋江南之夢相去聲○

附錄齊公孫竈卒司馬竈見晏子曰又喪子雅矣晏子曰惜也子旗不免殆哉姜族弱矣而嬀將始昌二惠競爽猶可又弱一个焉姜其危哉竈子雅也司馬竈齊大夫不免以其

不臣也姜齊姓嬀陳氏二惠謂子雅子尾皆齊惠公之孫疏彊爽明也猶可猶可以爲國危哉言齊必爲陳氏所有朱申氏云爲十年陳氏逐欒高張本[喪]去聲

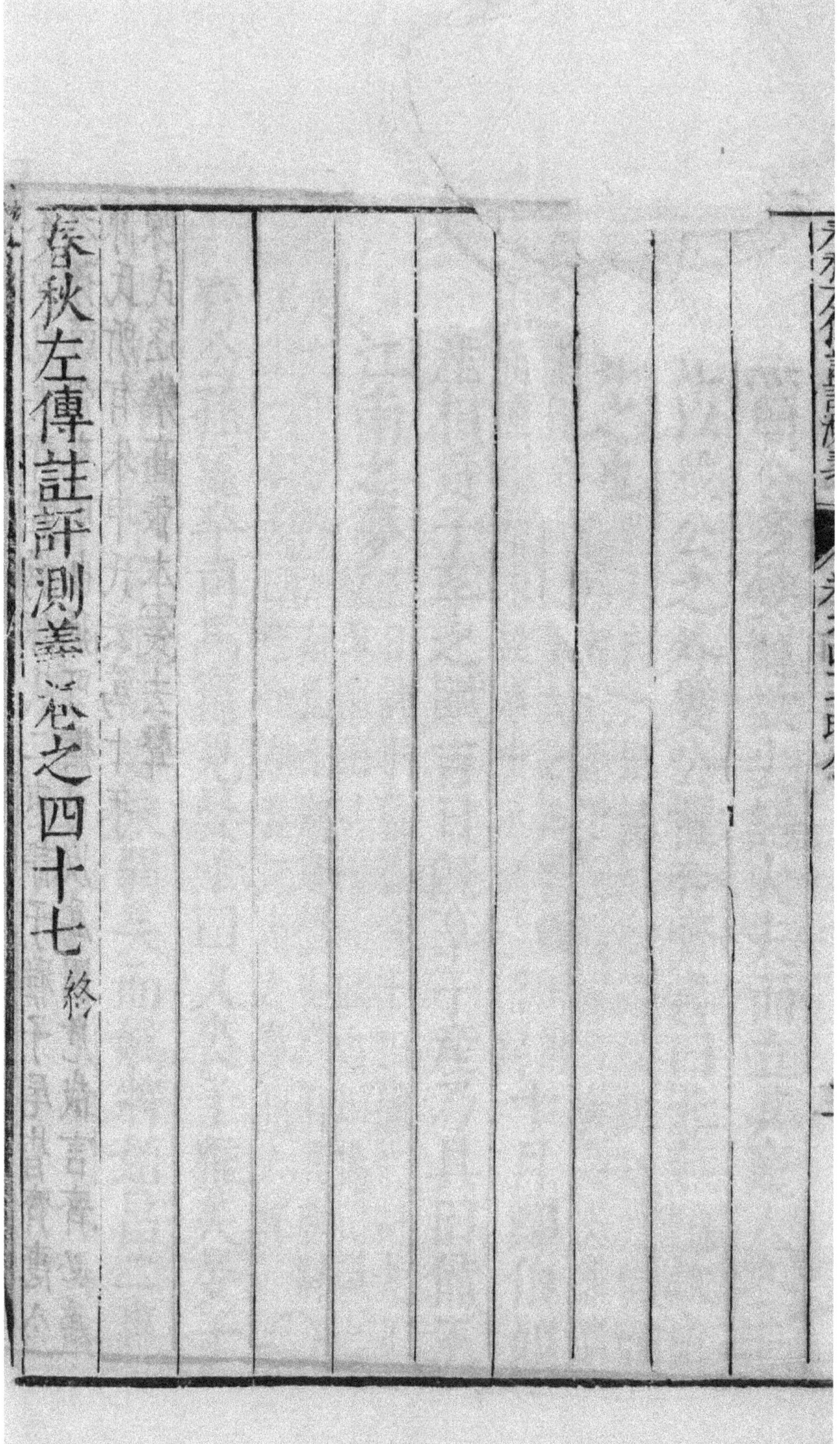

春秋左傳註評測義卷之四十七終

春秋左傳註評測義卷之四十八

明吳興後學淩稚隆輯著

昭公三

經癸亥四年春王正月。大雨雹。雹雨冰也○夏楚子蔡侯陳侯鄭伯許男徐子滕子頓子胡子沈子小邾子宋世子佐淮夷會于申。此經書楚子會諸侯之始何休氏云不殊淮夷者楚子主會故不殊其類○林堯叟氏曰以莊之賢辰陵之會從之者陳鄭焉爾申之會合十有二國楚之得志于中國未有盛于此時也○楚人執徐子。○秋七月楚子蔡侯陳侯許男頓子胡子沈子淮夷伐吳。因申會以伐吳重敘諸侯以五國不在故也執齊慶封殺之。慶封已非齊臣而猶係之齊爲齊討也執慶封不書楚猶曰諸侯執之焉

爾不與楚以討賊也遂滅賴著楚之暴也○九月取鄫鄫莒邑取鄫不係之國則鄫本自爲國也杜預氏謂爲莒邑者非○冬十有二月乙卯叔孫豹卒

傳四年附録春王正月許男如楚楚子止之遂止鄭伯復田江南許男與焉使椒舉如晉求諸侯二君待之椒舉致命曰寡君使舉曰日君有惠賜盟于宋曰晉楚之從交相見也以歲之不易寡人願結驩於二三君使舉請閒君若苟無四方之虞則願假寵以請於諸侯止許男欲與俱田前年巳與鄭伯田江南故云復田楚王修心欲專會諸侯而求之晉二君謂鄭許日往日宋盟在襄二十七年不易言有難也二三君謂諸侯言以難故欲得諸侯謀事補闕閒暇也寵威寵也與之音預易去聲晉侯欲勿許司馬侯曰不可楚王方

修天或者欲逞其心以厚其毒而降之罰未可知也其使能終亦未可知也晉楚唯天所相不可與爭君其許之而修德以待其歸若歸於德吾猶將事之況諸侯乎若適淫虐楚將弃之吾又誰與爭（相助也言二國皆大惟天意所欲助者則爲霸主待其歸待楚之所歸往也適猶歸也楚將弃之言不以爲君也[相]去聲）曰晉有三不殆其何敵之有國險而多馬齊楚多難有是三者何鄉而不濟（殆危也多難多篡弑之難鄉往也濟成功也[難]去聲下同[鄉]音向）對曰恃險與馬而虞鄰國之難是三殆也四嶽三塗陽城大室荆山中南九州之險也是不一姓冀之北土馬之所生無興國焉恃險與馬不可以爲固也

從古以然。是以先王務修德音以亨神人。不聞其務險與馬也。鄰國之難。不可虞也。或多難以固其國。啓其疆土。或無難以喪其國。失其守宇。若何虞難。齊有仲孫之難。而獲桓公。至今賴之。晉有里丕之難。而獲文公。是以爲盟主。衛邢無難。敵亦喪之。故人之難。不可虞也。恃此三者。而不修政德。亾於不暇。又何能濟。君其許之。紂作淫虐。文王惠和。殷是以隕。周是以興。夫豈爭諸侯。虞度也四嶽東嶽岱山在今山東泰安州西嶽華山在今陝西華陽縣南嶽衡山在今湖廣衡山縣北嶽恒山在今北直隸曲陽縣三塗三險塗也一大行連今陝西山西河南一轘轅在今河南鞏縣一崤澠在今河南府連今陝西大室中嶽嵩高山與陽城俱在今河南登封縣荆山在今湖廣南漳縣中南終南山在今陝西西安府不一姓言立國于險地者不止一姓無德則滅亡也冀之北土在今宣府大同等處其地產馬未聞有興盛之國亨通也多難則生敬畏故反固其國啓開也無難則生驕慢故反喪其國守官守宇土宇國以四垂為宇仲孫即無知事在莊九年里克平鄭事在僖九年狄滅衛在閔二年衛滅邢在十五年亡危亡也〔大〕音泰〔喪〕去聲下同○陸粲氏曰女齊之言善哉然其以諸侯授之楚也非務德而無爭也畏之而已惟子產知之故語楚虔曰晉君少安不在諸侯其大夫多求莫匡其君斯論為得其情矣

乃許楚使。使叔向對曰。寡君有社稷之事。是以不獲春秋時見諸侯。君實有之。何辱命焉。

不獲春秋時見言不得春秋自來朝楚葢謙辭〔使〕去聲〔見〕音現

椒舉遂請昏。晉侯許之。

葢楚子遣舉時兼使求昏也

楚子問於子產曰。晉其許我諸侯乎。對曰。許君。晉君少安。不在諸侯。其大夫多求。莫匡其君在宋之盟又曰如一若不許君將焉用之少安稍自懷安不在志不在也多求貪也匡正也如一言交相見之約晉楚同也焉用謂宋盟王曰諸侯其來乎對曰必來從宋之盟承君之歡不畏大國何故不來不來者其魯衛曹邾乎曹畏宋邾畏魯魯衛偪於齊而親於晉唯是不來其餘君之所及也誰敢不至君謂楚君大國謂晉所及楚威力所及也王曰然則吾所求者無不可乎對曰求逞於人不可與人同欲盡濟無不可無不可如意也逞快濟成也言求人以快已意則人必違之以欲從人則事無所不成也杜預氏云爲下會申傳○愚按楚子問於子產曰晉其許我乎懼晉未必許也曰諸侯其來乎懼諸侯未必來也晉而稍知自強則諸侯有所賴而不從諸侯不從則楚亦不能逞其志而晉方溺於嬖寵任其專盟而不顧且曰諸侯君自有

之是弃諸侯以畀楚也諸侯不從楚而誰賴哉雖然諸侯有托故不會者矣有旣會而先歸者矣其所會非小國則與國也以是知夷狄必不能主中國也

○大雨雹季武子問於申豐曰雹可禦乎申豐魯大夫禦止也對曰聖人在上無雹雖有不爲災古者日在北陸而藏冰西陸朝覿而出之其藏冰也深山窮谷固陰冱寒於是乎取之其出之也朝之祿位賓食喪祭於是乎用之其藏之也黑牡秬黍以享司寒其出之也桃弧棘矢以除其災其出入也時食肉之祿冰皆與焉大夫命婦喪浴用冰祭寒而藏之獻羔而啓之公始用之火出而畢賦自命夫命婦至於老疾無不受冰山人取之縣人傳之輿人

納之隸人藏之陸道也夏十二月日在虛危乃北方宿道其時冰堅可以藏之夏三月日行昴畢乃西方宿道又春分之中奎星朝見東方二時皆可以出冰山遠而難窮故云深山谷近而易盡故云窮谷固牢沍閉也深山窮谷牢陰閉寒必取積陰之冰所以涌達其氣使不爲災也祿位食祿在位者賓食喪祭謂公家賓客享食若喪若祭皆得用冰不獨共公也黑牡黑牲也秬黑黍也司寒玄冥北方之神故物皆用黑有事於冰故祭其神桃弧以桃爲弓棘矢以棘爲箭將以冰奉至尊故用桃棘以祓除凶邪大夫以上食乃有肉故云食肉之祿命婦大夫妻也天道向熱則喪浴皆得用冰祭寒卽上文享司寒也獻羔謂夏二月春分獻羔祭韭始開冰室卽上文朝覿也啓開也火出謂夏三月火星初見之時卽上文西陸也畢賦謂盡頒當受冰者老致仕者山人虞官縣人遂屬輿隸皆賤官輿音預

夫冰以風壯而以風出其藏之也周其用之也徧則冬無愆陽夏無伏陰春無淒風秋無苦雨雷出不震無菑霜

雹癘疾不降民不夭札。風壯因寒風而堅壯也風出順春風而散用也藏之周即上文山谷陰寒用之徧即上文賓食喪祭至老疾等也愆陽冬溫也伏陰夏寒也淒寒也苦雨淫雨也震霆也雹霜雹即是菑言無此菑害之霜雹也癘惡氣也短折爲夭疫死爲札今藏川池之冰。弃而不用風不越而殺雷不發而震雹之爲菑誰能禦之七月之卒章藏冰之道也。藏川池不取山谷明其不周也弃其餘而不畢賦明其不備也越散也殺蕭殺也發舒也震震擊也言陰陽失序風雨爲害也七月詩豳風篇卒章云二之日鑿冰沖沖謂夏之十二月鑿而取之三之日納于凌陰凌陰冰室也四之日其蚤獻羔祭韭謂春分蚤開冰室以荐宗廟藏冰之道備于此詩矣

○夏諸侯如楚魯衛曹邾不會曹邾辭以難公辭以時祭衛侯辭以疾鄭伯先待于申。六月丙午楚子合諸侯于申。四國不至如子產言鄭伯自楚

先至會地難去聲椒舉言於楚子曰臣聞諸侯無歸禮以為歸今君始得諸侯其慎禮矣霸之濟否在此會也夏啓有鈞臺之享商湯有景亳之命周武有孟津之誓成有岐陽之蒐康有酆宮之朝穆有塗山之會齊桓有召陵之師晉文有踐土之盟君其何用宋向戌鄭公孫僑在諸侯之良也君其選焉椒舉欲王慎禮稱古王公之盛者以為王法鈞臺在今河南鈞州景亳山名在今歸德州命命諸侯也孟地名津渡處也今為孟津縣誓誓師也岐陽岐山之陽今為岐山縣酆即文王所遷之邑在今陝西鄠縣塗山在今南直隸懷遠縣六王事惟孟津之誓尚書有其事其餘不見書傳召陵師在僖四年踐土盟在僖二十八年選言于六王二公之事擇所用也王曰吾用齊桓召陵之師齊桓退舍以禮故楚王欲用之○汪克寬氏曰楚虔

弑君簒國僭王猾夏靡所不爲然大合諸侯不敢用六王之禮而用齊桓非有所畏也蓋其羞惡之本心未敢據擬古聖王之事猶盜賊之不敢比君子也 王使問禮於左師與子產。左師曰。小國習之。大國用之。敢不薦聞。獻公合諸侯之禮六。子產曰。小國共職。敢不薦守。獻伯子男會公之禮六。薦聞以所聞薦之謙言未行也合我爲主而合之也六謂自始將幣終禮賓凡六節宋公爵故獻公合諸侯禮薦守以所守薦也會人爲主而我往會之也鄭伯爵故獻自伯而下會公之禮亦六節也[共]音恭 君子謂合左師善守先代。子產善相小國。王使椒舉侍於後。以規過。卒事不規。王問其故。對曰。禮吾未見者有六焉。又何以規。合左師向戌規規過規正會禮之過二子所獻六禮舉所未見無以知其過而正之[相]去聲 宋大子佐後至。王田於武城。

久而弗見。椒舉請辭焉。王使往曰。屬有宗祧之事於武城。寡君將墮幣焉。敢謝後見。辭辭謝之屬適也田獵以供宗廟故云武城楚地非魯武城也墮輸也言已受諸侯之幣將輸之于廟有此事所以不得及時相見蓋恨其後至托辭以爲徐子吳出也。以爲貳焉。故執諸申。吳出吳女所出疑其有貳心于吳故執之○姜寶氏曰史記札使北過徐還而掛劍徐公之墓可見吳通上國道必由徐今執徐子爲其不能閉吳通上國之道爲貳已也楚子示諸侯侈。椒舉曰。夫六王二公之事。皆所以示諸侯禮也。諸侯所由用命也。夏桀爲仍之會。有緡叛之。商紂爲黎之蒐。東夷叛之。周幽爲大室之盟。戎狄叛之。皆所以示諸侯汏也。諸侯所由弃命也。今君以汏。無乃不濟乎。王弗聽。六王二公即舉所稱者仍緡黎夷皆國也大室中嶽也不濟不能成霸業也〔大〕音泰子產見左師曰吾不患楚矣汏而愎諫不過十年左師曰然不十年侈其惡不遠遠惡而後弃善亦如之德遠而後興侈自奢侈也愎傲很自用也十數之小成也遠廣也廣則被其善惡者衆故興弃由之杜預氏云爲十三年楚弑靈王傳〔汏〕音泰〔愎〕皮逼反○秋七月楚子以諸侯伐吳宋大子鄭伯先歸宋華費遂鄭大夫從時晉之屬國皆歸獨言宋鄭者鄭伯久于楚宋大子不得時見故先遣之而以其臣從師經所以更叙諸侯〻愚按楚所以不敢窺中國者恐吳之躡其後也晉人爲是謀與吳通而楚遂不敢北圖是楚之所甚急者吳也適今晉楚同好而楚無晉規於是遂自爲主而大會諸侯將以伐吳淮夷向無預會而兹亦至者以東諸侯由淮以通吳而徐頓胡沈居淮上流皆要地也故并與之會以斷吳通中國之道皆所以爲伐吳計也使屈申圍朱方八

月。申申克之。執齊慶封而盡滅其族。將戮慶封。屈申屈蕩之子。襄二十八年慶封奔吳。吳封于朱方。椒舉曰。臣聞無瑕者可以戮人。慶封唯逆命。是以在此。其肯從於戮乎。播於諸侯焉用之。逆命謂性不恭順。意謂靈王以篡而得君。慶封必不肯默而從戮。恐其出言不遜。徒揚其惡於諸侯爾。王弗聽。負之斧鉞。以徇於諸侯。使言曰。無或如齊慶封弑其君。弱其孤。以盟其大夫。慶封曰。無或如楚共王之庶子圍。弑其君兄之子麇而代之。以盟諸侯。王使速殺之。崔杼弑其君。慶封共其黨也。事在襄二十五年。孤謂景公。慶封度不免于死戮。故發楚虔之瑕以播於諸侯。竟不出椒舉之見。共音恭。遂以諸侯滅賴。賴子面縛銜璧。士袒輿櫬從之。造於中軍。王問諸椒舉。對曰。

成王克許。許僖公如是。王親釋其縛。受其璧。焚其櫬。王從之遷賴於鄢。賴小國在今河南息縣土祖衣輿載櫬示歸死也中軍王所將成王楚成王克許在僖六年鄢楚邑櫬所覲反○姜寳氏曰賴本近楚之國必依違吳楚之閒而不能自立者也故楚乘伐吳而滅之楚子欲遷許於賴。使鬭韋龜與公子弃疾城之而還。申無宇曰。楚禍之首將在此矣。召諸侯而來。伐國而克。城竟莫校。王心不違。民其居乎。民之不處。其誰堪之。不堪王命。乃禍亂也。鬭韋龜子文玄孫申無宇楚大夫召諸侯而來指會申伐國而克指滅賴城竟築城于外竟也莫校指遷許王心不違即上三事民其居言必將多事不使民得安居也○九月。取鄫。言易也。莒亂。著丘公立而不撫鄫。鄫叛而來。故曰取。凡克邑不用師徒曰取。

著丘公去疾也不書奔潰散而來將帥微也○附録鄭子產作丘賦國人謗之曰其父死於路已爲蠆尾以令於國國將若之何子寬以告子產曰何害苟利社稷死生以之且吾聞爲善者不改其度故能有濟也民不可逞度不可改詩曰禮義不愆何恤於人言吾不遷矣十六井爲丘當出馬一匹牛三頭此古制也子產以晉楚賦重別賦民田故云作丘賦死路謂子國爲尉氏所殺蠆尾有毒喻子產重賦毒人子寬鄭大夫度法逞快也詩逸詩子產自以爲權制濟國故云於禮義無愆遷移也(蠆)敕邁反渾罕曰國氏其先亡乎君子作法於涼其敝猶貪作法於貪敝將若之何姬在列者蔡及曹滕其先亡乎偪而無禮鄭先衛亡偪而無法政不率法而制于心

民各有心何上之有渾罕子寬也子產以父子國之字爲氏故曰國氏汆薄取也貪謂作丘賦斂若何言不止于貪也列列于國蔡逼宋曹滕逼宋而又無禮以自持故云蔡及曹滕先亾鄭逼晉楚而又無政以自守故云鄭先衛亾心私心也爲政者不循古法而以私心創立制度使民各是非其心何以久居人上○杜預氏曰子產權時救急渾罕譏之正也○附録

冬吳伐楚入棘櫟麻以報朱方之役楚沈尹射奔命於夏汭葴尹宜咎城鐘離薳啓彊城巢然丹城州來東國水不可以城彭生罷賴之師棘在今河南永城縣竟舊有棘城櫟麻在今新蔡縣竟舊有櫟亭皆楚東鄙邑朱方役在此年秋夏汭在今湖廣武昌府竟吳兵在東北楚盛兵在東南以絶其後宜咎本陳大夫以二慶之亂襄二十四年奔楚然丹鄭穆公孫以純門之亂襄十九年奔楚各城其邑以備吳東國賴之故國時有水不可城彭生楚大夫罷章龜之師不爲城也[櫟]力狄反[射]音石○初穆

子去叔孫氏及庚宗遇婦人使私爲食而宿焉問其行告之故哭而送之穆子叔孫豹也成十六年避僑如之難奔齊庚宗魯地適齊娶於國氏生孟丙仲壬國氏齊正卿姜姓夢天壓己弗勝顧而見人黑而上僂深目而豭喙號之曰牛助余乃勝之旦而皆召其徒無之且曰志之上僂肩上傴僂也豭口如豬也徒謂從者無之言無此相貌志識也穆子以夢異故識之以待驗勝去聲僂音樓豭音加喙許穢反號去聲及宣伯奔齊饋之宣伯曰魯以先子之故將存吾宗必召女召女何如對曰願之久矣魯人召之不告而歸宣伯僑如也穆子之兄成十六年奔齊穆子饋之先子宣伯先人也願之久言兄始爲亂時已則有今日之願蓋忿言也不告不告僑如也女音汝既立所宿庚宗之婦人獻

以雉問其姓對曰余子長矣能奉雉而從我矣召而見之則所夢也未問其名號之曰牛曰唯皆召其徒使視之遂使爲豎有寵長使爲政魯立穆子爲卿在襄二年姓生也以宿故問其生子否豹以牛名狀與夢協而寵之其亂蓋天啓也政家政豎小臣〔長〕上聲下同〔奉〕音捧公孫明知叔孫於齊歸未逆國姜子明取之故怒其子長而後使逆之公孫明齊大夫子明也知相知國姜即穆子所娶田氏女怒其母及其子故逆之遲〔取〕音娶田於丘蕕遂遇疾焉豎牛欲亂其室而有之強與孟盟不可叔孫爲孟鐘曰爾未際饗大夫以落之既具使豎牛請日入弗謁出命之日及賓至聞鐘聲牛曰孟有北婦人之客怒將往牛止之賓出使

拘而殺諸外丘蕕地名孟卽孟丙孟雖適子叔孫未立爲嗣豎牛欲亂其室而有之強與孟盟使之從巳隙接也以豭豬血釁鐘曰落大夫立子爲適必須接見同寮孟未與大夫交接故爲之作鐘因落鐘令與相見孟既具享禮使豎牛請享賓之日于叔孫豎牛既入弗告及出則詐稱叔孫之命告孟以日及孟享賓既至叔孫未之知也聞鐘聲而怪之北婦人謂國姜客謂國姜所嫁公孫明蓋牛謬爲此言以觸穆子之忌而又止其往使不得其實穆子遂拘殺孟於外此節言牛以計殺其長子蕕音猶牛又強與仲盟不可仲與公御萊書觀於公公與之環使牛入示之入不示出命佩之牛謂叔孫見仲而何叔孫曰何爲曰不見既自見矣公與之環而佩之矣遂逐之奔齊仲因魯公御者萊書遊于公宮環玉環示示叔孫也命佩詐叔孫之命使之佩也見仲見仲于公而何如何也所以啓叔孫之問叔孫怪牛之言不倫故云何爲不見既自見言雖不使

之見公已自往見公也古者大夫立子爲適必以見之於君今不由父命故怒此節言牛以計逐其次子〔見〕音現下同

疾急命召仲牛許而不召杜洩見告之饑渴授之戈對曰求之而至又何去焉豎牛曰夫子疾病不欲見人使寘饋于个而退牛弗進則置虛命徹十二月癸丑叔孫不食乙卯卒牛立昭子而相之

杜洩叔孫氏宰牛不食叔孫故叔孫告洩以饑渴而使以戈殺之洩告未諭其意者而云求食可得何須去牛牛又詐稱叔孫不欲見人使饋食者但置于个而退不令進食叔孫復寫器令虛示若已食而令徹去之者个東西廂也凡三日絶食而死昭子豹之庶子叔孫婼也〔个〕古賀反○愚按叔孫告洩饑渴而授之戈洩寧不諭其指乎即手刃牛而脫主之難亦不爲過而不能也則宜亟告於君與大夫以寘之理庶幾不負所囑追叔孫死矣區區爭以路葬而帥士哭之何益哉蓋洩也忠不足以存君而義不足以救亂特小道耳

公使杜洩葬叔孫。豎牛賂叔仲昭子與南遺。使惡杜洩於季孫而去之。杜洩將以路葬。且盡卿禮。南遺謂季孫曰。叔孫未乘路。葬焉用之。且冢卿無路。介卿以葬。不亦左乎。季孫曰然。使杜洩舍路。不可。曰夫子受命於朝。而聘於王。王思舊勳而賜之路。復命而致之君。君不敢逆王命而復賜之。使三官書之。吾子為司徒。實書名。夫子為司馬。與工正書服。孟孫為司空。以書勳。今死而弗以。是弃君命也。書在公府而弗以。是廢三官也。若命服。生弗敢服。死又不以。將焉用之。乃使以葬。叔仲昭子與南遺皆季氏家臣惡毀也牛憎洩異已故使毀之路周王賜叔孫之車在襄二十四年未乘路生時不乘路也冢卿謂季孫介卿次卿謂叔孫左不順也舍置也不可灋不可也夫子謂叔孫致之君不敢自乘也三官即下司徒司馬司空吾子謂季孫書名以定位號也服車服之器書服以定等威也勳王功也以用也命服命車之服

季孫

傳言杜灋據禮守正卒不能奪惡去聲舍音捨

謀去中軍。豎牛曰：夫子固欲去之。

牛謂叔孫固欲去中軍葢誣叔孫以媚季孫也

春秋左傳註評測義卷之四十八 終

左氏傳測義

15

自四十九
至五十二

春秋左傳註評測義卷之四十九

明吳興後學凌稚隆輯著

昭公四

經甲子五年春王正月。舍中軍。魯之軍法或作或舍皆出季氏春秋書作書舍以識之舍音捨○楚殺其大夫屈申。書名罪之○公如晉。○夏莒牟夷以牟婁及防茲來奔。牟夷莒大夫牟婁今為山東安丘縣防茲在今德安縣境皆莒邑○秋七月。公至自晉。○戊辰。叔弓帥師敗莒師于蚡泉。蚡泉魯地○秦伯卒。無傳○冬。楚子蔡侯陳侯許男頓子沈子徐人越人伐吳。此經書越之始○林堯叟氏曰通吳以陵楚者晉謀之失也通越以困吳者楚謀之失也

【傳】五年。春。王正月。舍中軍。卑公室也。毁中軍於施氏。成諸臧氏。初作中軍。三分公室而各有其一。季氏盡征之。叔孫氏臣其子弟。孟氏取其半焉。及其舍之也。四分公室。季氏擇二。二子各一。皆盡征之。而貢於公。以書使杜洩告於殯。曰。子固欲毁中軍。既毁之矣。故告。杜洩曰。夫子唯不欲毁也。故盟諸僖閎。詛諸五父之衢。受其書而投之。帥士而哭之。襄十一年作三軍。至此舍中軍。以其衆屬上下二軍。分而爲四。季氏不欲親其議。故令孟氏叔氏會諸大夫發毁置之計。而避其惡名。盡征不以入公也。臣其子弟以父兄歸公也。取其半。復以子弟之半歸公也。擇簡擇也。貢獻也。言國人盡屬三家。惟隨時獻于公而已。前三分時。三家雖專。猶有差。至是則其專益甚。復以書告于穆子之殯而誣之。盟與詛事皆在襄十一年殺猶弃也扁叔孫之見誣故哭之又音甫叔仲子謂季孫曰帶受命於子叔孫曰葬鮮者自西門季孫命杜洩杜洩曰卿喪自朝魯禮也吾子爲國政未改禮而又遷之羣臣懼死不敢自也旣葬而行叔仲子即叔仲昭子帶其名也不以壽終曰鮮帶取牛賂惡杜洩乃設爲此言西門非魯朝正門自朝從生時朝覲之正路也遷易也自自從也行適他國也杜預氏云傳言杜洩能辟禍仲至自齊季孫欲立之南遺曰叔孫氏厚則季氏薄彼實家亂子勿與知不亦可乎南遺使國人助豎牛以攻諸大庫之庭司宮射之中目而死豎牛取東鄙三十邑以與南遺仲仲壬聞喪而歸魯城內有大庭氏之虛於其上作庫在今山東曲阜縣竟時仲壬在此庫庭前故豎牛就攻之東鄙叔孫氏邑與

音預射音石中丁仲反昭子即位。朝其家衆曰。豎牛禍叔孫氏。使亂大從。殺適立庶。又披其邑。將以赦罪。罪莫大焉。必速殺之。豎牛懼。奔齊。孟仲之子殺諸塞關之外。投其首於寧風之棘上。即位即卿位亂大從言殺適立庶亂大順之道也披析也謂以邑與南遺昭子不知豎牛餓殺其父故但言其罪如此塞關齊魯竟上關寧風齊地適音嫡塞去聲仲尼曰。叔孫昭子之不勞。不可能也。周任有言曰。爲政者不賞私勞。不罰私怨。詩云。有覺德行。四國順之。不勞不以立已爲功勞也仲尼蓋據其所言善之詩大雅抑之篇覺直也言德行直則四方皆順從之行並去聲初穆子之生也。莊叔以周易筮之。遇明夷䷣之謙䷎。以示卜楚丘。曰。是將行。而歸爲子祀。以讒人入其名曰牛卒以餒死莊叔穆子父得臣也離下坤上明夷艮下坤上謙明夷初九變為謙其爻辭曰明夷于飛垂其翼君子于行三日不食有攸往主人有言楚丘之人姓名是此子也言此子于主先出奔而歸承宗祀與讒人此入其名曰牛終以餓死此先言卦意有此四事明夷日也日之數十故有十時亦當十位自王已下其二為公其三為卿日上其中食日為二旦日為三明夷之謙明而未融其當旦乎故曰為子祀夷傷也離為明入地中故為明夷日之數十謂自甲至癸十位謂日中當王食時當公平旦為卿雞鳴為士夜半為皂人定為輿黃昏為隷日入為僚晡時為僕日昳為臺日居中明極盛故以為上當王位食時明亦盛故以為二當公位平旦時明始發故以為三當卿位十時當十位而止于卿以占者卿也此離在坤下日在地中之象又變為謙謙道卑退故云明而未融日明未融故云當旦莊叔卿也此子代為卿故知為子祀此節釋為子祀日之

謙當鳥故曰明夷于飛明而未融故曰垂其翼象日之動故曰君子于行離爲鳥鳥象飛明夷變謙卦爻當離故曰于飛謙退是明未融故爲鳥飛垂翼其象明夷爲日有動象君子象之在明傷之世君謙下之位故主行此節釋將行當三在旦故曰三日不食旦位在三又非食時故曰三日不食此節釋卒以餒死離火也艮山也離爲火火焚山山敗於人爲言敗言爲讒故曰有攸往主人有言言必讒也離變艮是火去焚山而艮山敗也艮在人爲言爲離所焚故言敗爲讒離變爲艮故言有所往往而見燒故主人有言言而見敗故言必讒此節釋以讒讒人入純離爲牛世亂讒勝勝將適離故曰其名曰牛純不雜也離卦畜牝牛吉故言純離爲牛離焚山則離勝譬世亂則讒勝山焚則離獨存故知牝名曰牛譬牛非牝牛故不吉此節釋其名曰牛謙不足飛不翔垂不峻翼

不廣故曰其爲子後乎謙道冲退故飛不遠翔翼垂卜而不高峻故不能廣遠飛不翔翼不遠知其不能遠去行必當歸故曰其爲子後此節釋歸吾子亞卿也抑少不終旦日正卿之位莊叔父子世爲亞卿不足以當卦體故將不獲其終○愚按據傳豎牛之禍始兆于著繼翁于夢果其數之前定如此不奕哉蓋君子以守道爲正機祥夢卜有不必道者矣○楚子以屈申爲貳於吳乃殺之。以屈生爲莫敖使與令尹子蕩如晉逆女。過鄭。鄭伯勞子蕩于汜。勞屈生于菟氏。晉侯送女于邢丘。子產相鄭伯會晉侯于邢丘。生屈建之子汜菟氏皆鄭地今河南尉氏縣有菟氏城禮父母送女不下堂晉侯送女邢丘亦畏楚也杜預氏云傳言楚強諸侯畏敬其使(勞)去聲下同(菟)大胡反(相)去聲○公如晉。自郊勞至于贈賄無失禮昭公即位始朝于晉往有郊勞去有贈賄揖讓之禮無失(勞)去聲晉侯謂女叔齊曰魯侯不亦善於禮乎對曰魯侯焉知禮公曰何爲自郊勞至于贈賄禮無違者何故不知對曰是儀也不可謂禮禮所以守其國行其政令無失其民者也昭公不能收其國柄而徒習於儀文之細爲知禮者所譏言國以禮而守政令以禮而行民以禮而固結其心如此乃爲禮之本女音汝下同今政令在家不能取也有子家羈弗能用也奸大國之盟陵虐小國利人之難不知其私公室四分民食於他思莫在公不圖其終爲國君難將及身不恤其所禮之本末將於此乎在而屑屑焉習儀以亟言善於禮不亦遠乎家大夫之家羈莊公玄孫懿伯也此見不能行政令陵小昭元年伐莒取鄆利難卽前年乘莒亂取鄆不知私

不自知有私難也此見不能守其國公室四分卽舍中軍民食於他言魯君卯食三家與民無與也思莫圖終言羣臣心思莫有爲君謀其終者此見民恤憂也所猶言爲之地恤民憂國禮之本也威儀文辭其末也於此乎在謂在恤民與憂國亟急也難去聲君子謂叔侯於是乎知禮叔侯司馬侯卽女叔齊也時晉侯亦失政故叔齊以此諷諫○附錄晉韓宣子如楚送女叔向爲介鄭子皮子大叔勞諸索氏大叔謂叔向曰楚王汰侈已甚子其戒之索氏鄭地今河南滎陽縣境有大小索城戒之言宜敬愼毋遺其辱大音泰勞去聲叔向曰汰侈已甚身之災也焉能及人若奉吾幣帛愼吾威儀守之以信行之以禮敬始而思終終無不復從而不失儀敬而不失威道之以訓辭奉之以舊法考之以先王度之以二國雖汰

侈若我何信無詐二一也禮有節文也終無不復言自始至終無不可復行之事不失儀無曲從也不失威不妄敬也道通也訓辭聖人訓教之辭奉遵也舊法聘使之舊法考以先王考先王之禮以知其變度以二國度晉楚之勢以審其宜度入聲及楚楚子朝其大夫曰晉吾讐敵也苟得志焉無恤其他今其來者上卿上大夫也若吾以韓起爲閽以羊舌肸爲司宮足以辱晉吾亦得志矣可乎無恤無所顧恤上卿謂起上大夫謂向楚子意在辱晉故欲刖起足使之守門加向宮刑使之司宮大夫莫對薳啓彊曰可苟有其備何故不可恥匹夫不可以無備況恥國乎是以聖王務行禮不求恥人朝聘有珪享頫有璋小有述職大有巡功設機而不倚爵盈而不飲宴有好貨飧有陪鼎入

有郊勞出有贈賄禮之至也。國家之敗。失之道也。則禍亂興。啓疆將欲諫之故詭言當有備晉之具有使者執圭以爲信也周禮公執桓圭侯執信圭伯執躬圭子執穀璧男執蒲璧以朝覲于王諸侯相見同之圭璧兼用而獨言圭者擧公侯伯言之享獻頫見也既朝聘而享見則執璋以行禮案行人合六幣圭以馬璋以皮璧以帛琮以錦琥以繡璜以黼小謂諸侯大謂天子此論列國賓客盡禮于主朝聘之禮有設機進爵之時衍義云鷄鳴而始行日幾中而後行禮酒清人渴而不敢飲也肉乾人饑而不敢食也是務在行禮不倚几不飲爵也好恩好也貨幣帛也言以幣帛爲恩好也熟食爲飧陪加也加帛所以厚慇勤也賓至逆勞之于郊賓去贈之以貨賄此論本國主盡禮于賓失之道失此朝聘宴好之道頫他吊反勞去聲城濮之後。晉無楚備。以敗於邲。邲之後。楚無晉備。以敗於鄢。自鄢以來。晉不失備。而加之以禮。重之以睦。是以楚弗能報而求親焉。既獲姻親，又欲恥之，以召寇讎，備之若何。誰其重此。若有其人，恥之可也。若其未有，君亦圖之。晉之事君，臣曰可矣。求諸侯而麇至，求昏而薦女，君親送之，上卿及上大夫致之，猶欲恥之，君其亦有備矣。不然，柰何。晉敗楚于城濮在僖二十八年，楚敗晉于邲在宣十二年，晉敗楚于鄢在成十六年。晉楚相爭，每以恃勝無備故敗，晧和好也。備之若何，言何以爲晉備也。誰重此，結怨無重于此也。有人，謂有賢人。晉求諸侯，謂前年會于申。麇，羣。薦，進也。韓起之下，趙成、中行吳、魏舒、范鞅、知盈；羊舌肸之下，祁午、張趯、籍談、女齊、梁丙、張骼、輔躒、苗賁皇，皆諸侯之選也。韓襄爲公族大夫，韓須受命而使矣。箕襄、邢帶、叔禽、叔椒、子羽，皆大家也。

韓賦七邑皆成縣也羊舌四族皆彊家也晉人若喪韓起楊肸五卿八大夫輔韓須楊石因其十家九縣長轂九百其餘四十縣遺守四千奮其武怒以報其大恥伯華謀之中行伯魏舒帥之其蔑不濟矣君將以親易怨實無禮以速寇而未有其備使羣臣往遺之禽以逞君心何不可之有成鱄武子吳荀偃子鱄武以下五卿位在韓鱄之下皆三軍將佐祁午以下八人皆晉大夫選言非凡人也襄韓無忌子須韓起之門子公羊傳云韓須如齊逆少姜是已受命而出使也箕襄邢帶韓氏之族叔禽叔椒子羽皆起庶子韓氏自韓襄以下七人人一邑所賦七邑皆成縣也四族謂伯華叔向叔魚叔虎兄弟四人彊家百乘之家楊肸即叔向本羊舌氏食邑於楊故又號楊肸五卿即趙成以下八大夫即祁午以下韓佐也楊石叔向子韓氏七家羊舌氏

四家言十家舉成數也韓氏七縣羊舌氏四家共二縣故云九縣長轂戎車也縣百乘故云九百其餘縣尚有四十計遺守國者尚有四千乘伯華叔向之兄中行伯即吳言伯華善謀荀魏善兵發其武勇怨毒以報楚必無以當之是失姻好以易讎怨徒使羣臣往與之角獲爾何不可言其可也與首言可字相應遻去聲王曰不穀之過也大夫無辱厚爲韓子禮王欲敎叔向以其所不知而不能亦厚其禮言大夫無辱以謝啓彊也禮贈賄之禮楚王欲難叔向以不知之事以爲傲樂而叔向多智卒不能困之韓起反鄭伯勞諸圉辭不敢見禮也圉鄭地今河南杞縣有圉城奉使未反命故辭勞勞去聲

○附錄鄭罕虎如齊娶於子尾氏晏子驟見之陳桓子問其故對曰能用善人民之主也罕虎如齊自爲逆也驟數也罕虎授子產以政故云能用善人

○夏莒牟夷以牟婁及防茲來奔牟夷

非卿而書尊地也。尊重也重地故書以名○愚按牟夷來奔自得書名而左氏曰尊地也以叛臣納叛地春秋何事尊之

莒人愬于晉晉侯欲止公范獻子曰不可人朝而執之誘也討不以師而誘以成之惰也為盟主而犯此二者無乃不可乎請歸之閒而以師討焉乃歸公莒以魯受牟夷故愬于晉誘人而執之也惰怠惰而欺之也閒暇也閒如字

秋七月公至自晉莒人來討不設備戊辰叔弓敗諸蚡泉莒未陳也莒以魯受牟夷故來討備攻戰之備

○冬十月楚子以諸侯及東夷伐吳以報棘櫟麻之役薳射以繁揚之師會於夏汭越大夫常壽過帥師會楚子于瑣聞吳師出薳啓彊帥師從之遽不設備吳人敗諸鵲岸

棘櫟麻之役在四年薳射楚大夫會會楚子瑣楚地
從從吳師遽卒急也鵲岸今南直隸舒鵲縣有鵲尾
渚
楚子以馹至於羅汭。吳子使其弟蹶由犒師。楚人
執之。將以釁鼓。王使問焉。曰。女卜來吉乎。馹傳也羅汭水名女音
汝
對曰。吉。寡君聞君將治兵於敝邑。卜之以守龜。曰。
余亟使人犒師。請行。以觀王怒之疾徐。而爲之備。尚
克知之。龜兆告吉。曰。克可知也。君若驩焉。好逆使臣。
滋敝邑休怠。而忘其死。亡無日矣。今君奮焉。震電馮
怒。虐執使臣。將以釁鼓。則吳知所備矣。敝邑雖羸。若
早脩完。其可以息師。難易有備。可謂吉矣。且吳社稷
是卜。豈爲一人。使臣獲釁軍鼓。而敝邑知備。以禦不

虞其爲吉孰大焉國之守龜其何事不卜一臧一否其誰能常之城濮之兆其報在邲今此行也其庸有報志乃弗殺守國守國之龜藏在宗廟者亟急克能也余亟使以下述吳令龜之辭君若驩焉以下蹶由自言茲此休解息惰馮盛也息師息楚之師誰能常言不可必也兆龜兆報應也僖二十八年城濮之戰楚得卜吉而反爲晉敗然其應不在此乃在于宣十二年邲之戰楚得勝晉可見臧否不常今吳卜此行其將有報楚之意如邲戰之報城濮非爲目前得失也〔爲〕去聲〔馮〕音憑楚師濟於羅汭沈尹赤會楚子次於萊山薳射帥繁揚之師先入南懷楚師從之及汝清吳不可入楚子遂觀兵於坻箕之山南懷汝清皆楚界吳不可入以有備也觀示也是行也吳早設備楚無功而還以蹶由歸楚子懼吳使沈尹射待命于

巢薳啓彊待命于雩婁禮也。待命待吳師奔命也知難有備故云禮 ○陸粲氏曰復怨怒鄰而使其賢臣鄙以待命非守國之完計也何謂禮乎 ○附錄 秦后子復歸於秦景公卒故也。后子奔晉在元年秦景公卒果符五稔之言

【經】乙丑 六年春王正月杞伯益姑卒。○葬秦景公。○夏季孫宿如晉。○葬杞文公。無傳 ○宋華合比出奔衛。合比宋大夫 ○秋九月大雩。○楚薳罷帥師伐吳。○冬叔弓如楚。○齊侯伐北燕。

【傳】六年春王正月杞文公卒弔如同盟禮也。初杞與魯同盟當赴弔後杞因晉取魯之田而魯赴弔如同盟不廢喪紀故云禮 ○大夫如秦葬景公禮也。禮諸侯之喪士弔大夫送葬今魯使大夫如秦會葬故云禮 ○附錄 三月鄭

人鑄刑書。鄭鑄刑書於鼎以為國之常法使民遵守之叔向使詒子產書曰。始吾有虞於子。今則已矣。昔先王議事以制不為刑辟。懼民之有爭心也。猶不可禁禦。是故閑之以義。糾之以政。行之以禮。守之以信。奉之以仁。制為祿位。以勸其從。嚴斷刑罰。以威其淫。懼其未也。故誨之以忠。聳之以行。教之以務。使之以和。臨之以敬。涖之以彊。斷之以剛。猶求聖哲之上。明察之官。忠信之長。慈惠之師。民於是乎可任使也。而不生禍亂。詒遺也叔向與子產雖異國而心契道一故遺書諫之虞度也準度之以為已法也一云虞畏也敬憚之意辟法也言先王臨事定議以為之制不先為象刑之法恐民知法則起爭端也閑防糾舉行施守執奉養也能此則制為祿位而尊養之於以勸其順從不能此此則制爲刑罰而嚴斷之以威其淫縱此自施于政事言發動也行善行務時務也和悅以使民也臨居其上也涖措之事也彊彊毅也剛以義斷恩也上王公也官卿大夫也此自教民以身者言辟入聲下同

民知有辟。則不忌於上。並有爭心。以徵於書。而徼幸以成之。弗可爲矣。夏有亂政而作禹刑。商有亂政而作湯刑。周有亂政而作九刑。三辟之興。皆叔世也。今吾子相鄭國。作封洫。立謗政。制參辟。鑄刑書。將以靖民。不亦難乎。

言民知在上者不敢越法以過罪又不能曲法以施恩則權移於法而民不畏上皆因危文以生爭據於刑書緣徼幸以成其巧僞如此則禍亂生不可治也三辟卽禹刑湯刑九刑言三代之亂皆作刑書不能議事以制蓋皆末世非始盛之世也作封洫在襄二十年作丘賦在四年制參辟謂用三代末世之法

詩曰。儀式刑文王之

德曰靖四方又曰儀刑文王萬邦作孚如是何辟之有民知爭端矣將弃禮而徵於書錐刀之末將盡爭之亂獄滋豐賄賂並行終子之世鄭其敗乎肸聞之國將亾必多制其此之謂乎（詩周頌我將篇儀式刑皆法也靖安也言法文王則四方皆安又大雅文王篇孚信也言法文王則萬邦起而信之何辟何用刑書也錐刀之末喻細微也亂獄紛亂之獄豐盛也多制數立法制也）復書曰若吾子之言僑不才不能及子孫吾以救世也既不承命敢忘大惠（復報也若如也誠如吾子之言也不能及子孫不能為後世慮也救世救當世之弊也當時鄭國必有斷獄不平輕重失中故欲作此書以救之大惠謂見徵戒也）士文伯曰火見鄭其火乎火未出而作火以鑄刑器藏爭辟焉火如象之不火何

爲火。火心星也刑器鼎也象類也言火星尚未出未可以火而作火以鑄刑器藏爭辟之法火如以類相感必致火災也○夏季孫宿如晉。拜莒田也。謝前年受莒牟夷叛邑蓋莒既伐魯則魯有辭是以晉受季孫之聘而不見討也晉侯享之有加籩。武子退。使行人告曰。小國之事大國也。苟免於討。不敢求貺。得貺不過三獻。今豆有加。下臣弗堪。無乃戾也。加籩籩豆多於常數周禮大夫三獻今加之故云弗堪無乃戾恐以此得罪也前言籩後言豆籩豆並加互言其一韓宣子曰。寡君以爲驩也。對曰。寡君猶未敢。況下臣。君之隸也。敢聞加貺。固請徹加而後卒事。爲驩加禮以致驩心也晉人以爲知禮。重其好貨。好貨宴好之貨好去聲○愚按宿魯臣姦也取鄆取卞又取牟婁防茲以致襄公不敢入晉叔孫幾歿于楚昭公幾危于晉皆宿之招也晉非惟不之問又享之又加籩焉而且謂之知禮何其刑賞乖錯若此哉而或者曰宿以納牟夷之故恐晉討及已故借聘之名以自結于晉而因欲止公而據其國焉以故晉於宿及不之問噫晉之霸業益替矣〇宋寺人柳有寵大子佐惡之華合比曰我殺之柳聞之乃坎用牲埋書而告公曰合比將納亡人之族既盟於北郭矣公使視之有焉遂逐華合比合比奔衛柳寺人名有寵于平公坎掘地也埋書詐爲盟處亡人華臣也襄十七年奔陳(大)音泰(惡)去聲於是華亥欲代右師乃與寺人柳比從爲之徵曰聞之久矣公使代之亥合比弟欲代合比爲右師比親比也徵證也聞之久久聞合比欲納華臣也(比)毗志反見於左師左師曰女夫也必亡女喪而宗室於人何有人亦於女何有詩曰宗子維城毋俾城壞毋獨

斯畏女其畏哉左師向戌也夫夫謂華亥女夫猶言此夫賤之也而女也言女于同宗且然則必弃他人而他人亦且弃女詩大雅板篇言宗子之固若城毋使壞之而獨居城壞則藩屏皆壞乃爲可畏也杜預氏云爲二十年華亥出奔傳(女)音汝(去)去聲○愚按寺人柳所以譖左師者卽尹戾譖大子蒞故智平公暗不足道左師春秋之選乃其比尹戾亦與亥之比柳同尚清言曰宗子維城蒞獨非宗子乎哉何其悖也○附録六月丙戌鄭災終士文伯之言○附録楚公子弃疾如晉報韓子也報前年送女過鄭鄭罕虎公孫僑游吉從鄭伯以勞諸柤辭不敢見固請見之見如見王以其乘馬八匹私面見子皮如上卿以馬六匹見子産以馬四匹見子大叔以馬二匹禁芻牧採樵不入田不樵樹不採蓺不抽屋不強匄誓曰有犯命者君子

廞小人降舍不爲暴主不慁賓往來如是鄭三卿皆知其將爲王也柤鄭地不敢當國君之榮故辭不敢見如見王如見楚王私面爲私見之禮如上卿如楚上卿不入田禁牧不樵樹禁樵蓺種也不採蓺埶禁芻抽裂也不毀裂所舍之屋禁採匄乞也不就人強乞逌上四者廢廢其職降降其刑舍止也慁患也三卿罕虎公孫僑游吉也以弃疾愛人知其將爲王〔勞〕去聲〔乘〕去聲〔大〕音泰〔慁〕戸困反

韓宣子之適楚也楚人弗逆公子弃疾及晉竟晉侯將亦弗逆叔向曰楚辟我衷若何效辟詩曰爾之教矣民胥效矣從我而已焉用效人之辟書曰聖作則無寧以善人爲則而則人之辟乎匹夫爲善民猶則之况國君乎晉侯說乃逆之辟邪衷正也詩小雅角弓篇胥相也言上之所教下皆相效也書逸書則法也無寧寧也杜預氏云傳言

叔向知幾(辟)入聲(說)音悅○秋。九月。大雩。旱也。○徐儀楚聘于楚。楚子執之。逃歸。懼其叛也。使薳洩伐徐。吳人救之。令尹子蕩帥師伐吳。師于豫章。而次于乾谿。吳人敗其師于房鍾。獲宮廄尹弃疾。子蕩歸罪于薳洩。而殺之。儀楚徐大夫薳洩楚大夫北豫章在江北非今江南豫章乾谿楚東竟在今南直隸亳縣竟房鍾吳地弃疾鬬韋龜之父歸罪薳洩以解其敗軍之罪○張洽氏曰敗楚師者非薳洩也而洩伏其誅故經書薳罷伐吳以正之○冬。叔弓如楚聘。且弔敗也。弔楚爲吳所敗○愚按魯倚晉霸而又婚吳以故中之會不與焉乃今晉益不競而楚且伐吳於是不得已而通好于楚蓋不待薳啓疆之召已服楚而將朝之矣而左氏以爲弔敗楚強雖敗猶辭之魯其敢弔乎○十一月。齊侯如晉。請伐北燕也。士匄相。士鞅逆諸河。禮也。晉侯許之。十二月，齊侯遂伐北燕，將納簡公。晉爲齊盟主故來請士匄即士文伯與士鞅之父宣子同姓名得敬迎來者之禮故云禮簡公即北燕伯三年出奔齊相去聲晏子曰：不入燕有君矣，民不貳。吾君賄，左右諂諛，作大事不以信，未嘗可也。不入不得入國言燕民既不內叛齊君又有好賄之心其左右皆讒諂面諛之輩欲作大事而不以誠實之道守之未見其可也杜預氏云爲明年暨齊平傳

春秋左傳註評測義卷之四十九　終

春秋左傳註評測義卷之五十

明吳興後學凌稚隆輯著

昭公五

【經】丙寅七年。杞平公元年春王正月。暨齊平。暨猶及也○三月公如楚。○叔孫婼如齊涖盟。無傳始暨齊平故盟以結好婼音釋○夏四月甲辰朔日有食之。○秋八月戊辰衛侯惡卒。○九月公至自楚。○冬十有一月癸未季孫宿卒。○十有二月癸亥葬衛襄公。

【傳】七年春王正月暨齊平。齊求之也。襄二十四年我侵齊二十五年齊伐我齊魯之好遂絶至是齊求魯爲平杜氏謂齊求于燕而與之平恐非也○李廉氏曰杜氏注齊求於燕而與之平今推之經例暨齊平之文正與及齊平及鄭平句法相似而下文又有叔孫溢盟正與叔還涖盟之事相類且左氏下文明說燕人行成而上文又以爲齊求之文法自相背故服虔亦疑之今若截齊求之也四字正解齊魯之平而以癸巳以下方終齊燕事則兩得之矣葢左氏本無誤而杜註之誤也○附録癸巳齊矦次于虢燕人行成曰敝邑知罪敢不聽命先君之敝器請以謝罪公孫晳曰受服而退俟釁而動可也虢燕境敝器瑤罋之屬晳齊大夫二月戊午盟于濡濡燕水名上燕人歸燕姬賂以瑤罋玉櫝斝耳不克而還瑤玉別名櫝匱也斝爵類傍有耳皆玉爲之燕人嫁女與齊爲矦又賂以寶器故不克納簡公而歸罋翁去斝音假○附録楚子之爲令尹也爲王旌以田芋尹無宇斷之曰一國兩君其誰堪之析羽爲旌禮天子旌九仞曳地諸矦七仞齊軫

大夫五伢齊較士三伢齊首霊王爲令尹時僣爲王旌以從田獵申無宇仕于芊故云芊尹斷斷其旌也[芊]音米及即位爲章華之宫納亾人以實之無宇之閽入焉無宇執之有司弗與曰執人於王宫其罪大矣執而謁諸王章華宫在今湖廣監利縣閽入有罪亾入之也有司守王宫者執無宇見王王將飲酒無宇辭曰天子經略諸矦正封古之制也封略之内何非君土食土之毛誰非君臣故詩曰普天之下莫非王土率土之濵莫非王臣天有十日人有十等下所以事上上所以共神也故王臣公公臣大夫大夫臣士士臣皁皁臣輿輿臣隸隸臣僚僚臣僕僕臣臺馬有圉牛有牧以待百事今有司曰女胡

執人於王宮。將焉執之。辭致辭也天子經營天下畧有四海故云經畧諸侯封疆有定分故云正封毛凡土地所生五谷皆是或以爲草非也詩小雅北山篇率循濵涯也天自甲至癸凡十日人自王至臺凡十等共敬也臣服之以爲臣也天下所主爲王公正無私爲公大夫者夫之言扶也大能扶成人也士事也言能理庶事也阜造也造成事也輿衆也佐皁擧衆事也隸隸屬於吏也僚勞也共勞事也僕附隨人也臺給臺下厮役也養馬曰圉養牛曰牧言楚封内土皆王土臣皆王臣人之等類雖不同而共供王事則一也有司豈可以我非王臣章華獨爲王宮而不執人於中哉〔共〕音恭〔女〕音汝

周文王之法曰。有亾荒閱。所以得天下也。吾先君文王作僕區之法曰。盜所隱器。與盜同罪。所以封汝也。若從有司。是無所執逃臣也。逃而舍之。是無陪臺也。王事無乃闕乎。昔武王數紂之罪以告諸侯曰。紂爲

天下逋逃主。萃淵藪。故夫致死焉。君王始求諸侯而則紂無。乃不可乎。若以二文之法取之。盜有所在矣荒大閱蒐也言有逃亾者當大蒐其衆也先君文王楚文王也僕隱區匿也爲隱匿亾人之法荆書名也盜所隱器隱盜所得之器也封封疆汝汝水言能啓封疆至于汝水之廣陪臺至賤者也無陪臺則無以待百事故云王事有闕萃集也言天下逋逃悉以紂爲淵爲藪集而歸之致死致死力以討紂也則法也取之取盜也盜有所在意謂王匿盜與自爲盜同也〔數〕上聲〔逋〕布吳反王曰。取而臣以往。盜有寵。未可得也。遂赦之。而汝也臣謂闕人靈王戲言若以我爲盜而欲取之則我方爲君王有權寵未可得而取也杜預氏云爲葬靈王張本○楚子成章華之臺。願與諸侯落之。大宰薳啓疆曰。臣能得魯侯。薳啓疆來召公。辭曰。昔先君成公命我先大夫嬰齊曰。

吾不忘先君之好。將使衡父照臨楚國。鎮撫其社稷。以輯寧爾民。嬰齊受命于蜀。奉承以來。弗敢失隕。而致諸宗祧。曰我先君共王。引領北望。日月以冀。傳序相授。於今四王矣。嘉惠未至。唯襄、公之辱臨我喪。孤與其二三臣悼心失圖。社稷之不皇。況能懷思君德。

宮室初成而祭之曰落欲與諸侯皆以侈誇也啓疆以前盟蜀事召魯公辭致辭也成公魯成公嬰齊卽子重衡父公衡也成二年魯使公衡爲質請盟于蜀故云照臨致猶告也言奉成公此語以告宗廟日往日也魯在楚之北故云北望冀冀魯朝也傳序相授以次序相傳受也四王謂共王康王郟敖及靈王衡父逃歸楚好遂絕故云嘉惠未至襄二十八年襄公如楚臨康王喪此時楚君臣哀悼傷心失所圖慮將謀社稷不暇何暇思魯之德言雖來猶不來也〔大〕音泰〔好〕去聲〔共〕音恭

今君若步玉趾。

辱見寡君，寵靈楚國，以信蜀之役，致君之嘉惠，是寡君既受貺矣，何蜀之敢望。其先君鬼神實嘉賴之，豈惟寡君。貺足也寵恩寵靈威靈也嘉嘉惠來朝之美惠也言魯君若肯來楚以取信往日盟蜀之言而致魯君之嘉惠於楚是楚君既受魯君之賜矣何敢望如蜀之復貿公衡也君若不來，使臣請問行期，寡君將承質幣而見于蜀，以請先君之貺。先君魯成公言魯君君不親來則必怒楚使臣請問魯見伐之期楚君將奉贄幣復相見於往日司盟之地以問成公之賜何不踐言言將親將伐魯也使去聲質音贄公將往，夢襄公祖。梓慎曰：君不果行。襄公之適楚也，夢周公祖而行。今襄公實祖，君其不行。子服惠伯曰：行。先君未嘗適楚，故周公祖以道之。襄公適楚矣，而祖以道君。不行何之。祖祭行道神也古之將行者封土爲山象以菩芻棘柏爲神主既祭以車轢之而去喻無險難也處者餞之飲酒于其側君其不行以不夢周公之故先君謂襄公道開導之往也三月。公如楚。鄭伯勞于師之梁。孟僖子爲介。不能相儀。及楚。不能答郊勞。師之梁鄭城門孟僖子仲叔貜也杜預氏云爲下僖子病不能相禮張本〔勞〕〔相〕俱去聲。汪克寬氏曰昭公屢朝于晉而不納又迫于強令而朝楚其畀辱亦甚矣○夏四月甲辰朔。日有食之。晉侯問於士文伯曰。誰將當日食。對曰。魯衛惡之。衛大魯小。言二國當惡此變其禍在衛大在魯小〔惡〕去聲公曰。何故。對曰。去衛地。如魯地。於是有災。魯實受之。其大咎。其衛君乎。魯將上卿。衛豕韋之分野魯降婁之分野日食于豕韋之末至降婁之始乃息是災發于衛而魯受其餘禍也八月衛侯卒十二月季孫宿卒公曰。詩所謂彼日而禽于何不臧者何也。對曰，不善政之謂也。國無政，不用善，則自取謫於日月之災，故政不可不慎也。務三而已。一曰擇人，二曰因民，三曰從時。詩小雅十月之交篇。平公感日食而問詩義。不用善，不用善人也。謫，譴也。擇人，用賢也。因民，因民所利也。從時，順四時之務也。○

附錄 晉人來治杞田，季孫將以成與之。謝息爲孟孫守，不可，曰：人有言曰：雖有挈缾之知，守不假器，禮也。夫子從君，而守臣喪邑，雖吾子亦有猜焉。襄二十九年女叔侯不盡歸杞田，晉人又恨公如楚，故復來治。成，孟氏邑，本杞田。謝息，孟孫家臣，守成邑者。缾，汲水器也。言小知爲人守器，尚知不以假人。夫子謂孟僖子，吾子謂季孫。猜，疑也。言雖季孫亦將疑我之不忠也。知，知音智。喪，喪去聲。季孫曰：君之在楚，於晉罪也。又不聽晉，魯罪重矣。

晉師必至吾無以待之不如與之閒晉而取諸杞吾與子桃成反誰敢有之是得二成也魯無憂而孟孫益邑子何病焉辭以無山與之萊柞乃遷於桃晉人爲杞取成於晉罪言晉人罪我之至楚也閒晉侯晉閒隙也桃桃邑名言我今以桃與子迨至伐杞而復得成必復歸之孟氏是孟氏得桃與成二邑也謝息辭以桃邑無山季孫復與之萊柞二山謝息乃遷於桃〔柞〕音作〔爲〕去聲○附録楚子享公于新臺使長鬣者相好以大屈既而悔之新臺章華臺也鬣鬚也吳楚之人少鬚故選長鬣者相禮以夸魯侯大屈弓名爲燕好之錫〔相〕〔好〕俱去聲薳啓彊聞之見公公語之拜賀公曰何賀對曰齊與晉越欲此久矣寡君無適與也而傳諸君君其備禦三鄰愼守寶矣敢不賀乎公懼乃

反之。此謂大屈適專主也三鄰言齊晉越將伐魯而取之杜預氏云傳言楚靈不信所以不終（適）丁歷反◯附錄鄭子產聘于晉。晉侯有疾。韓宣子逆客。私焉。曰。寡君寢疾。於今三月矣。並走羣望。有加而無瘳。今夢黃熊入於寢門。其何厲鬼也。私私語也並走羣望言晉所望祀山川皆走往祈禱之熊獸名宣子以子產博物因來聘問之對曰。以君之明。子為大政。其何厲之有。昔堯殛鯀于羽山。其神化為黃熊。以入于羽淵。實為夏郊。三代祀之。晉為盟主。其或者未之祀也乎。鯀禹父羽山在東海夏家郊祭之歷殷周二代又在羣神之數周衰晉為盟主佐天子祀羣神恐其未之或祀故為厲。◯愚按鬼神不歆非類鯀信能為祟以求食歟則夏之祀有杞存焉是天子之事守也晉雖盟主得奸其祀乎子產而誠有斯言則初言出入飲食哀樂所致者豈其矛盾至此吾惑

焉

韓子祀夏郊。晉侯有閒。賜子產莒之二方鼎。閒差也言其病差也方鼎莒所貢者

子產為豐施歸州田於韓宣子曰。日君以夫公孫段為能任其事而賜之州田。今無祿早世。不獲久享君德。其子弗敢有。不敢以聞於君。私致諸子。宣子辭。子產曰。古人有言曰。其父析薪。其子弗克負荷。施將懼不能任其先人之祿。其況能任大國之賜。縱吾子為政而可。後之人若屬有疆埸之言。敝邑獲戾。而豐氏受其大討。吾子取州。是免敝邑於戾。而建置豐氏也。敢以為請。豐施鄭公叔段之子三年晉以州田賜段此年段卒故其子因子產欲以歸其田於宣子析薪析木為薪也負任在背荷任在肩也大國謂晉可可不歸也後之人

謂代宣子爲政者獲戾將以鄭取晉邑爲鄭罪杜預氏云傳言子產貞而不諒[爲]去聲[屬]音燭宣子受之。以告晉侯。晉侯以與宣子。宣子爲初言。病有之。以易原縣於樂大心。宣子初與趙文子爭此田迨今乃自取之以爲己病樂大心宋大夫原晉邑前以賜大心者今以州田易之

○附録 鄭人相驚以伯有。曰伯有至矣。則皆走。不知所往。鑄刑書之歲二月。或夢伯有介而行。曰。壬子。余將殺帶也。明年壬寅。余又將殺段也。及壬子。駟帶卒。國人益懼。齊燕平之月。壬寅。公孫段卒。國人愈懼。其明月。子產立公孫洩及良止以撫之。乃止。襄三十年鄭人殺伯有至是以其能爲鬼而相驚走鑄刑書在前年介甲也壬子六年三月三日帶駟帶也壬寅此年正月二十八日駟帶助子晳殺伯有公孫段黨於駟氏故伯有爲祟欲

殺之齊燕平之月此年正月明月此年二月公孫洩子孔子襄十九年鄭殺子孔良止伯有子皆立爲大夫使有宗廟不爲厲也

子大叔問其故。子產曰。鬼有所歸。乃不爲厲。吾爲之歸也。

歸依歸言立廟也〔大〕音泰

大叔曰。公孫洩何爲。子產曰。說也。爲身無義而圖說。從政有所反之。以取媚也。不媚不信。不信民不從也。

子孔不爲厲亦立後故大叔疑之子產言此所以解說於民也伯有爲妖鬼無義爲之立後人必非之故并立洩使若自以大臣存誅絕者之後圖以解說於民也蓋爲政者必有所反其正道如公孫洩之類以取悅于民民悅而後信民信而後服從爾〔大〕音泰〔說〕如字

及子產適晉。趙景子問焉。曰。伯有猶能爲鬼乎。子產曰。能。人生始化曰魄。既生魄。陽曰魂。用物精多。則魂魄強。是以有精爽至於神明。匹夫匹婦強死。

其魂魄猶能馮依於人以爲淫厲況良霄我先君穆公之冑子良之孫子耳之子敝邑之卿從政三世矣鄭雖無腆抑諺曰蕞爾國而三世執其政柄其用物也弘矣其取精也多矣其族又大所馮厚矣而強死能爲鬼不亦宜乎景子晉中軍佐趙成也魄形也白也言形有體質明白也魂芸也言氣惟嘑吸芸動也陽神氣也物權勢也子産言人之生也始變化而爲形形之靈者其名曰魄若視聽運動之類人之既生魄屬陰其中自有陽氣氣之神者其名曰魂如精神智識之類若居高官而任權勢則用物弘而體魄強取精多而魂氣強所以養此精爽而至於神明也精是神之未著爽是明之未昭強死不得其死也鄭穆公生公子弃疾字子良子良生公生輒字子耳子耳生良霄皆爲卿從國政腆厚也蕞小貌鄭雖不厚抑亦俗語所謂蕞爾之小國也所馮厚言良霄之族猶大所馮者貴重也杜預氏云傳言

子產之博物（强）亦上聲（馮）音憑○附録子皮之族飲酒無度。故馬師氏與子皮氏有惡。齊師還自燕之月。罕朔殺罕魋。罕朔奔晉。馬師氏鄭公孫鉏之子罕朔也襄三十年馬師頡出奔鉏代爲馬師與子皮同族還自燕之月此年二月也罕魋子皮弟與罕朔同祖從兄弟韓宣子問其位於子產。子產曰。君之羈臣。苟得容以逃死。何位之敢擇。卿違。從大夫之位。罪人以其罪降。古之制也。朔於敝邑亞大夫也。其官馬師也。獲戾而逃。唯執政所寘之。得免其死。爲惠大矣。又敢求位。宣子爲子產之敏也。使從嬖大夫。問其位問朔可使在何位羈臣羈旅之臣以禮去國曰違言卿之去國即無罪降爲大夫若有罪則以罪定位嬖大夫下大夫也爲子產才敏之故但降朔位一等不以罪降（爲）于去聲○秋八月。

衛襄公卒。晉大夫言於范獻子曰。衛事晉爲睦。晉不禮焉。庇其賊人而取其地。故諸侯貳。詩曰。鶺鴒在原。兄弟急難。又曰。死喪之威。兄弟孔懷。兄弟之不睦。於是乎不弔。況遠人。誰敢歸之。今又不禮於衛之嗣。衛必叛我。是絕諸侯也。獻子以告韓宣子。宣子說。使獻子如衛弔。且反戚田。睦和也賊人謂孫林父地謂戚邑林父以戚叛歸晉在襄二十六年詩小雅鶺鴒篇鶺鴒雝渠也飛則鳴行則搖有急難意喻兄弟相救於急難又詩言有死喪兄弟宜有懷思威畏孔甚也弔相恤也嗣新君也反戚田恐失諸侯心也杜預氏云傳言戚田所由還衛【難】去聲【說】音悅

衛齊惡告喪于周。且請命。王使成簡公如衛弔。且追命襄公曰。叔父陟恪。在我先王之左右。以佐事

上帝。余敢忘高圉亞圉。齊惡衛大夫命如今之哀策成簡公王卿士叔父謂襄公陟升恪敬也上帝天也二圉皆周之先為殷諸侯亦受殷王追命者○九月。公至自楚。

孟僖子病不能相禮。乃講學之。苟能禮者從之。僖子以不能相禮為己病講習也相去聲及其將死也。召其大夫曰。禮人之幹也。無禮無以立。吾聞將有達者曰孔丘。聖人之後也。而滅於宋。其祖弗父何以有宋而授厲公。及正考父。佐戴武宣。三命茲益共。故其鼎銘云。一命而僂。再命而傴。三命而俯。循墻而走。亦莫余敢侮。饘於是。鬻於是。以餬余口。其共也如是。孟僖子卒在二十四年傳欲終言其事故錄于此達謂達于聖道聖人殷湯也孔子六代祖孔父嘉為宋督所殺其子奔魯弗父何孔父嘉之高祖適嗣當立以讓其弟厲公正考父弗父何之曾孫戴武宣皆宋君三命上卿也共敬謹也鼎銘考父廟鼎之銘初命爲士其容傴再命爲大夫其容僂三命爲卿其容俯俯共于傴僂共于僂位益高則身益下也墻謂公門循墻不敢安行也莫余侮言其甚人莫之慢也饘亦鬻也厚者爲饘薄者爲鬻於是於鼎中也餬口寄食也言已位高益下不敢奢侈故饘鬻於此鼎以養生也家語云宋湣公熙生弗父何何生宋父周周生世子勝勝生正考父考父生孔父嘉其後以孔爲氏孔父嘉生木金父金父生皐夷父夷父生防叔防叔辟華氏之偪而奔魯生伯夏伯夏生梁紇梁紇生孔子〔共〕音恭〔僂〕音縷〔傴〕於土反〔饘〕音旃〔鬻〕之六反〔餬〕音胡

臧孫紇有言曰。聖人有明德者。若不當世。其後必有達人。今其將在孔丘乎。我若獲沒。必屬說與何忌於夫子。使事之而學禮焉。以定其位。故孟懿子與南宮敬叔師事仲尼。言正考父以明德而不得志於宋其後應大於孔子獲沒得以壽終也屬副托也説卽南宫敬叔何忌卽孟懿子皆僖子之子知禮則位安故云定位〔屬〕音燭〔説〕音悦○孫應鰲氏曰孟僖子能屬之于既没而不能托國于生前豈欲用孔子而不及猶或有不能用者存歟 仲尼曰能補過者君子也詩曰君子是則是效孟僖子可則效已矣。詩小雅鹿鳴篇言君子能補過是爲君子可則法者也○附録 單獻公弃親用羈冬十月辛酉襄頃之族殺獻公而立成公。獻公周卿士羈寄客也襄頃二王獻公之兄成公獻公之弟〔單〕音善○十一月季武子卒晉侯謂伯瑕曰吾所問日食從矣可常乎對曰不可六物不同民心不壹事序不類官職不則同始異終胡可常也詩曰或燕燕居息或憔悴事國其異終也如是。伯瑕士文伯也晉侯以衛侯武子皆卒夏四月所問日食皆從子之言故問可常與否伯瑕言六物異其時政教殊其施事序有變易官職非一法或同其始而異其終不可必其有常也詩小雅北山篇燕燕安閑貌憔悴詩作盡瘁言勞逸不同也 公曰何謂六物對曰歲時日月星辰是謂也公曰多語寡人辰而莫同何謂辰對曰日月之會是謂辰故以配日多詳也莫同言辰之名多也一歲日月十二會從子至亥所會謂之辰以子丑配甲乙之十干明非一所也 ○衛襄公夫人姜氏無子嬖人婤姶生孟縶孔成子夢康叔謂己立元余使羈之孫圉與史苟相之史朝亦夢康叔謂己余將命而子苟與孔烝鉏之曾孫圉相元史朝見成子告之夢夢協晉韓宣子為政聘于諸侯之歲婤姶生子名之曰元孟縶之足不良能行孔成子衛卿孔達之孫烝鉏也

元子孟縶之弟後爲靈公時元尚未生成子夢康叔命巳立元爲君羈成子之子圉又羈之孫史苟衛大夫史朝之子協合也宣子聘諸侯之歲在二年足不良謂跛也〔媢〕音周〔姶〕烏答反〔相〕去聲 孔成子以周易筮之。曰。元尚享衛國。主其社稷。遇屯䷂。又曰。余尚立縶。尚克嘉之。遇屯之比䷇。以示史朝。孔成子兩筮立元立縶孰吉尚庶幾也卜元得屯震下坎上嘉善也言庶幾縶善于元也卜縶得屯之比坤下坎上初九變也 史朝曰。元亨。又何疑焉。成子曰。非長之謂乎。對曰。康叔名之。可謂長矣。孟非人也。將不列於宗。不可謂長。且其繇曰。利建侯。嗣吉。何建。建非嗣也。二卦皆云。子其建之。康叔命之。二卦告之。筮襲於夢。武王所用也。弗從何爲。弱足者居。侯主社稷。臨祭祀。奉民人事鬼神。從會朝。又焉得居。各以所利。不亦可乎。周易屯元亨今所筮乃元與縶故云元亨爲吉成子疑元爲年長非以名也朝言出由康叔可以當元長之義且縶跛非全人不可列于宗廟如下臨祭祀之類豈可復謂長乎繇卦辭嗣長子也言長子當立爲君自有常典非所謂建也既曰建則當從吉而建之非長子矣屯比二卦皆有建矦之文明元非長而宜立也大誓云朕夢協朕卜襲于休徵戎商必克筮夢相應武王且用之此見元當建立病足者宜居不能行矦則不得安其居處此見孟不宜爲矦孟跛利居元吉利建故云各以所利長上聲○愚按衛之定嗣君也國有故典弗稽廷有元老弗詢而顧藉口於康叔之夢此擬於武王之筮是遵何說哉且縶無良足已不可君而襄公無他子則非元誰立又惡用是夢與筮爲也意者舍長立少見謂弗順過計者姑假之以一人心焉事寧有之

故孔成子立靈公。靈公元也十二月癸亥。葬衛襄公。

春秋左傳註評測義卷之五十 終

春秋左傳註評測義卷之五十一

明吳興後學淩稚隆輯著

昭公四

【經】丁卯八年。衛靈公元年。春陳侯之弟招殺陳世子偃師。招音韶。○夏四月辛丑陳侯溺卒。○叔弓如晉。○楚人執陳行人干徵師殺之。○陳公子留出奔鄭。偃師曰世子，留曰公子，別嫡庶也。○秋蒐于紅。紅魯地，今南直隸蕭縣有紅亭。四蒐皆書大，此不稱大，經文闕也。招定之蒐皆不言公，權在三家，公不與與於蒐也。○陳人殺其大夫公子過。過與招共殺偃師，書名罪之。○大雩。無傳。不旱而秋雩，過也。○冬十月壬午楚師滅陳。○執陳公子招放之于越。無傳。殺陳孔奐。無傳。

招之黨楚殺之葬陳哀公。所殺所執所葬皆繫於陳以深著楚滅陳之罪

〔傳〕八年。附錄春。石言於晉魏榆。晉侯問於師曠曰。石何故言。對曰。石不能言。或馮焉。不然。民聽濫也。抑臣又聞之曰。作事不時。怨讟動于民。則有非言之物而言。今宮室崇侈。民力彫盡。怨讟並作。莫保其性。石言不亦宜乎。魏榆晉地或馮或有鬼神馮依於石也民聽濫言石未嘗言而聽之者濫以爲能言也抑疑辭怨恨讟謗也宮室謂虒祁之宮彫傷盡竭性命也〔馮〕音憑〔讟〕徒石反於是晉侯方築虒祁之宮。叔向曰。子野之言。君子哉。君子之言。信而有徵。故怨遠於其身。小人之言。僭而無徵。故怨咎及之。詩曰。哀哉不能言。匪舌是出。惟躬是瘁。哿矣能言。

巧言如流。俾躬處休。其是之謂乎。是宮也成。諸侯必叛。君必有咎。夫子知之矣。虒祁地名今山西曲沃縣竟有虒祁宮子野師曠字詩小雅雨無正篇言哀彼不能言者言澁不出口自病其躬以背而無徵故也哿嘉也嘉此能言者如水流無滯自處安逸以信而有徵故也夫子謂師曠○杜預氏云為十年晉侯彪卒傳虒音斯哿古可反

陳哀公元妃鄭姬生悼大子偃師。二妃生公子留。下妃生公子勝。二妃嬖。留有寵。屬諸司徒招與公子過。哀公有廢疾。三月甲申。公子招公子過殺悼大子偃師而立公子留。夏四月辛亥。哀公縊。元妃夫人也招過皆哀公弟哀公先愛留托招過立之然不謂招過遽殺大子也故憂恚而死杜預氏云經書辛丑從赴也于徵師赴于楚。且告有立君。公子勝愬之于楚。楚人執而

殺之。公子留奔鄭。干徵師陳大夫以喪赴於楚而勝殺干徵師書曰陳侯之弟招殺陳世子偃師。罪在招也。楚人執陳行人干徵師殺之。罪不在行人也。招與過共殺偃師及楚殺徵師招乃歸罪于過而使楚人殺之故經書弟文書世子以首惡在招也楚人惡陳招而殺徵師故經書行人明非行人罪也○叔弓如晉賀虒祁也。游吉相鄭伯以如晉。亦賀虒祁也。魯鄭以虒祁之宮成如晉賀之相去聲○高閌氏曰前年楚成章華臺召諸侯落之至是晉成虒祁臺諸侯皆往賀之晉之效尤如此霸業之不振宜哉史趙見子大叔曰。甚哉其相蒙也。可弔也。而又賀之。子大叔曰。若何弔也。其非唯我賀。將天下實賀。晉史官名趙蒙欺也言作室勞民民將叛上可爲晉弔而又來賀是甚相欺也天下實賀言天下諸侯皆將畏晉而來賀非獨鄭也○

秋大蒐于紅自根牟至于商衛革車千乘根牟魯東界今山東福山縣有牟城商宋地魯西接宋衛言千乘明大蒐且見魯衆之大數也○王樵氏曰曰此三家既分公室假蒐禮以數軍實陰擇其材勇之士以強私黨爾○附錄七月甲戌齊子尾卒子旗欲治其室丁丑殺梁嬰八月庚戌逐子成子工子車皆來奔而立子良氏之宰其臣曰孺子長矣而相吾室欲兼我也授甲將攻之子旗欒施也以子尾卒其子幼欲兼治其家政梁嬰子尾家宰子成子工子車皆齊大夫子尾之屬也子良子尾之子高彊也子旗既殺梁嬰因爲子良立宰孺子謂子良兼并也長上聲陳桓子善於子尾亦授甲將助之或告子旗子旗不信則數人告將往又數人告於道遂如陳氏桓子將出矣聞之而還遊服而逆之請

命。對曰。聞彊氏授甲將攻子。子聞諸。曰。弗聞。子盍亦授甲。無宇請從。子旗曰。子胡然。彼孺子也。吾誨之猶懼其不濟。吾又寵秩之。其若先人何。子盍謂之周書曰。惠不惠。茂不茂。康叔所以服弘大也。桓子稽顙曰。頃靈福子。吾猶有望。遂和之如初。將往子旗將往子良家也將出桓子將助子良也聞闖子旗至也游服游戲之服請命請問桓子所至彊氏即高彊無宇桓子名寵秩之爲之立宰也先人謂子尾盍謂之言以此意達之使無攻我也周書康誥茂勉服行也言當施惠於不惠者勸勉其不勉者此康叔所以服行弘大也子旗以子良不能勉力爲善故欲令桓子勤勉之頃頃公靈靈公有望望其患及已也和之謂欒高〇愚按陳氏蓄圖其謀將籍兩家之閒而遂兼之爾授甲豈助子良哉其曰者無宇竟以不信之讒及二子飲酒而逐之以分其室則授甲之情見矣〇陳公子招

歸罪於公子過而殺之。以立留之罪歸之杜預氏云傳言招所以不死而得放

○九月。楚公子弃疾帥師奉孫吳圍陳。宋戴惡會之。

冬十一月。壬午。滅陳。孫吳陳偃師之子惠公也奉之伐陳示欲立之也戴惡宋大夫杜預氏云壬午十月十八日傳言十一月傳誤輿嬖袁克殺馬毀玉以葬。楚人將殺之。請寘之。既又請私。私於幄。加絰於顙而逝。輿嬖寵人袁克嬖之貴者馬哀公所乘玉哀公所佩故欲殺馬毀玉以非禮葬哀公不欲使楚得之寘弃馬玉不用也請私請私盡臣禮於哀公幄帳也私於帳中加絰以喪公也不欲臣楚故逝使穿封戌爲陳公。曰。城麇之役不諂。侍飲酒於王。王曰。城麇之役。女知寡人之及此。女其辟寡人乎。對曰。若知君之及此。臣必致死禮以息楚。戌楚大夫城陳爲縣使戌爲縣公城麇之役戌

與靈王爭皇頡在襄二十六年及此謂爲王也辟寡人言不敢爭皇頡也息寧靜也言當時若預知王之篡弒必爲夾敖致𢦏以盡臣禮而寧靜楚國之禍也〔麋〕九倫反〔女〕音汝〔辟〕避同晉侯問於史趙曰陳其遂亾乎對曰未也公曰何故對曰陳顓頊之族也歲在鶉火是以卒滅陳將如之今在析木之津猶將復由歲歲星卒盡也陳祖舜舜出顓頊顓頊氏以水德王歲星在鶉火火盛則水滅故以此年盡滅陳爲顓頊之族故其滅亾亦當歲在鶉火之次箕斗之間有天漢謂之析木之津近北方水位故陳當復用由用也且陳氏得政于齊而後陳卒亾自幕至于瞽瞍無違命舜重之以明德寘德於遂遂世守之及胡公不淫故周賜之姓使祀虞帝臣聞盛德必百世祀虞之世數未也繼守將在齊其兆既存矣陳氏陳仲

之後言若陳氏得政柄于齊然後陳國卒亾物莫能兩大也幕舜之先瞽瞍舜父無違命無違絶天命也寘罪也遂舜之後舜置此德於遂身令遂有德也胡公滿遂之後事周武王賜姓曰嬀使奉舜祀守守祀也言繼陳以守舜之祀者必在齊之陳氏盖陳氏與盛於齊其形兆已見矣杜預氏云爲十三年復封陳張本○陸粲氏曰夫顓頊之裔有民社者不獨陳矣若楚與趙盛爲顯諸侯秦後乃有天下是三族者非盡以鶉火亾也史趙之說詎足信乎其謂舜宜百世祀者吾滋惑焉自武王克殷所褒封如炎黄尭禹之子孫及是多淪㓕不振數聖人者之德舉不足昌其後耶特陳氏既有國追爲若言以善其當代齊云爾周史之筮懿妻之卜皆是類也

【經】戊辰九年。春。叔弓會楚子于陳。○許遷于夷。許畏鄭欲遷都近楚楚從其意而遷之故以自遷爲文○夏四月。陳災。○家鉉翁氏曰陳已爲楚縣而猶書陳災者以盛德之後見㓕于夷特義以存之不與楚得陳也○秋。仲孫貜如齊。

【釋】音攫○冬。築郎囿。囿苑也

【傳】九年春。叔弓宋華亥鄭游吉衛趙黶會楚子于陳。楚旣滅陳陳威振諸夏無所號召而四國大夫往會於陳杜預氏云非盟主所召不行會禮故不總書○二月庚申。楚公子弃疾遷許于夷。實城父。取州來淮北之田以益之。伍舉授許男田。然丹遷城父人於陳。以夷濮西田益之。遷方城外人於許。此時城父為夷故云實城父今南直隸亳縣有城父城授許男田奉新國之上地圖籍以授之許男也然丹即右尹子革夷濮西謂夷田在濮水西者自十五年許遷於葉因以葉為許令許遷於夷又以方城外人實其處杜預氏云靈王使民不得安○附錄周甘人與晉閻嘉爭閻田。晉梁丙張趯率陰戎伐潁。甘周邑今河南府有甘水甘人邑大夫襄也閻嘉閻邑大夫丙趯皆晉大夫陰戎陸

渾之戎頡周邑今河南登封縣有頡谷以頡助閻嘉伐之

王使詹桓伯辭於晉曰。我自夏以后稷。魏駘芮岐畢。吾西土也。及武王克商。蒲姑商奄。吾東土也。巴濮楚鄧。吾南土也。肅慎燕亳。吾北土也。吾何邇封之有。文武成康之建母弟以蕃屛周。亦其廢隊是爲。豈如弁髦而因以救之。

桓伯周大夫辭責讓也駘今陝西武功縣有漦城芮今爲山西芮城縣畢在長安縣西北蒲姑齊地今山東博興縣有蒲姑城商奄魯地今闕濮本在江漢之南今爲湖廣常德辰州二府肅慎今爲遼東三萬衛燕今燕京亳今山西垣曲縣有亳城皆國名言我周在夏世以后稷功高受此五國爲西方境土及武王克商而有天下又得諸國以爲三方境土是我國封疆外薄四海何有遠近我文武成康封建同母兄弟爲國君以爲周室蕃屛亦慮後世子孫或有廢隊當共救濟之弁緇布冠也童子垂髦行冠禮先布緇布冠三加之後永

不復用故以喻王室不得如弁髦既加之後遂因以教之也為去聲先王居檮杌于四裔以禦螭魅故允姓之姦居于瓜州伯父惠公歸自秦而誘以來使偪我諸姬入我郊甸則戎焉取之戎有中國誰之咎也后稷封殖天下今戎制之不亦難乎伯父圖之檮杌舉四凶之一言四裔則三苗在其中允姓陰戎之祖與三苗俱放三危者好惡也傳十五年晉惠公自秦歸晉僖二十二年秦晉遷陸渾之戎於伊川諸姬諸姬姓之國邑外為郊郊外為甸焉猶何也言若不由晉則戎何得取周之地殖五穀也制專制也我在伯父猶衣服之有冠冕木水之有本原民人之有謀主也伯父若裂冠毀冕拔本塞原專棄謀主雖戎狄其何有余一人衣服必有冠冕然後貴重水木必有本原然後長久宗族必有師長然後親疎長幼各有

其序踰言我周苟存在於伯父有益也余一人周上自稱言伯父至親猶然於戎狄無復可責咎之深也

叔向謂宣子曰文之伯也豈能改物翼戴天子而加之以共自文以來世有衰德而暴蔑宗周以宣示其侈諸侯之貳不亦宜乎且王辭直子其圖之宣子韓起也文文公也改物改正朔易服色也翼佐戴奉也宗周謂天子伯音霸共音恭○愚按叔向之言亦謂知大義者然曷不及其未伐也而止之且以諸侯而犯天子雖致田反俘猶有餘辜焉而必曰王辭直圖之也籍令王無直辭將任其暴蔑宗周已乎蓋曲直云者非所論於君臣之際矣宣子說王有姻喪使趙成如周弔且致閻田與襚反潁俘王亦使賓滑執甘大夫襄以說於晉晉人禮而歸之王周王時有外親之喪襚送死衣也賓滑周大夫子說音悅說於如字○夏四月陳災鄭裨竈曰

五年陳將復封。封五十二年而遂亾。子產問其故。對曰。陳水屬也。火水妃也。而楚所相也。今火出而火陳。逐楚而建陳也。妃以五成。故曰五年。歲五及鶉火而後陳卒亾。楚克有之。天之道也。故曰五十二年。陳顓頊之後以水德王故陳爲水屬火畏水故爲之妃相治也楚之先祝融爲高辛氏主治火事故火爲楚治火心星也火星出而陳火是陳以水得火爲之妃而興陳封而楚去故云逐楚建陳火出於周爲五月而四月出者以長厤推之前年誤置閏也妃合也五行各相妃合得五而成故五年而陳復封是歲歲星在星紀丑位五歲及大梁酉位自酉大梁及午計四歲又四及鶉火計四十八歲合前四歲共計五十二歲火盛則水衰故陳亾必以五十二年杜預氏云爲十二年陳侯吳歸於陳傳相去聲妃音配○陸粲氏曰裨竈所論陳事其後良驗此其術亦信神矣以吾觀之蔡亦楚虜所滅而後復封不聞其有祥異如陳災之類

者天欲逐楚而建之則二國奚擇焉是故禨祥小數雖幸而或中君子弗貴者爲其說乃有時而窮也

○附錄晉荀盈如齊逆女還六月卒于戲陽殯于絳未葬逆女盈自爲逆也戲陽晉地今北直隸內黃縣北有戲陽城晉侯飲酒樂膳宰屠蒯趨入請佐公使尊許之而遂酌以飲工曰女爲君耳將司聰也辰在子卯謂之疾日君徹宴樂學人舍業爲疾故也君之卿佐是謂股肱股肱或虧何痛如之女弗聞而樂是不聰也使尊行酒也工樂師師曠也飲工示罰討也耳以聽聽爲主工執掌樂故云司聰疾惡也紂以甲子日亾桀以乙卯日亾故國君以子卯爲忌學人習學之人卿佐謂欒盈言荀盈歿如股肱之虧損其爲疾痛甚於子卯之忌女不聞此義而作樂是爲君耳而不聰此女之宜罰也女音汝下同又飲外嬖嬖叔曰女爲君目將司明

也。服以旌禮，禮以行事。事有其物，物有其容。今君之容，非其物也，而女不見，是不明也。嬖叔外都大夫之嬖者，目以明視，爲主。嬖叔職主察外事，故云司明。旌，表也。吉凶異禮，作衣服以表之，如弁冕衰麻之類。事，政令也，如玄冕以祭祀，皮弁以視朝之類。物，類也，如哀衰哭泣，樂有歌舞之類。容，貌也，如衰麻則有哀色，端冕則有敬色之類。今晉侯有卿佐之喪，而其容懽樂，當哀而樂，不以其類，是爲君目而不明，此女之宜罰也。爲，去聲。亦自飲也。曰：味以行氣，氣以實志，志以定言，言以出令。臣實司味，二御失官，而君弗命，臣之罪也。言調和飲食，所以養人而行其氣，氣得和順，所以充人志慮，志既充滿，所以定其言語，言語詳審，所以發號施令。臣實主掌食味，今工師不聰，嬖叔不明，二侍御者竝失其職，而君不出令以罪之，必是食味失宜，此乃臣之罪，所宜罰也。公說，徹酒。初，公欲廢知氏而立其外嬖，爲是悛而止。秋。八月。使荀躒佐下軍以說焉。平公心欲廢知氏而立其外嬖大夫以代悼子故輕其喪而作樂飲酒俊改地躒荀盈之子知文子也使代父任說自解說也上說音說下說如字知音智○孟僖子如齊殷聘禮也。自襄公二十年叔老聘齊後更不遣聘今脩盛聘以無忘舊好故云禮○冬。築郎囿。書時也。○愚按築郎囿不過為游觀地雖時適農隙春秋何以書焉蓋當時三桓用事昭公徒擁虛器而猶興囿役以為季氏毆民春秋據貫而書鑒戒昭矣季平子欲其速成也。叔孫昭子曰。詩曰。經始勿亟。庶民子來。焉用速成。其以勦民也。無囿猶可。無民其可乎。詩大雅靈臺篇言文王始經営靈臺勿使急成衆民自以子義而來歡樂而早成之勦勞也

【經】巳十年。春。王正月。○夏。齊欒施來奔。書名罪之○秋。七

月季孫意如叔弓仲孫貜帥師伐莒○戊子晉侯彪卒○九月叔孫婼如晉葬晉平公○十有二月甲子宋公成卒無冬史闕文

【傳】十年附錄春王正月有星出于婺女鄭裨竈言於子產曰七月戊子晉君將死今茲歲在顓頊之虛姜氏任氏實守其地居其維首而有妖星焉告邑姜也邑姜晉之妣也天以七紀戊子逢公以登星斯於是乎出吾是以譏之星客星言此應在晉侯以七月戊子日死今歲星在顓頊玄枵之虛爲姜齊任薛之分野歲星所在其國有福婺女居其方之維首而有此客星其禍不在本國必以告邑姜言其子孫將死也邑姜齊大公女晉唐叔之母蓋星占以既嫁女爲婺女處女爲織女邑姜爲齊之嫁女實晉

虞叔之妣故其禍應在晉天二十八宿四七爲紀安有歲星于其舍逢公殷諸侯居齊地者特妖星出於婺女逢公以戊子日登天而死今此星亦出婺女故知戊子晉君當死杜預氏云爲晉侯彪卒傳○傳遜氏曰晉非一君其卒也亦非一君矣何於此獨見妖乎其說多誣妄不經○齊惠欒高氏皆耆酒。信內多怨彊於陳鮑氏而惡之。夏有告陳桓子曰。子旗子良將攻陳鮑。亦告鮑氏。桓子授甲而如鮑氏。遭子良醉而騁。遂見文子。則亦授甲矣。使視二子。則皆將飲酒。桓子曰彼雖不信。聞我授甲。則必逐我。及其飲酒也。先伐諸。陳鮑方睦。遂伐欒高氏。欒子旗高子良同出惠公皆好酒信婦人言人多怨者惡謂惡陳鮑國人構難而姦告陳鮑陳如鮑謀道逢子良醉中騁歸文子鮑國也二子即欒高彼謂傳言者不信不實也恐以授甲爲罪而見逐遂乘其既醉復飲酒時伐之惡去聲子良曰。先得公。陳鮑焉往。遂伐虎門。得公挾公以令也虎門路寢之門畫虎以示勇公不聽入故伐公之虎門晏平仲端委立于虎門之外。四族召之。無所往。其徒曰。助陳鮑乎。曰。何善焉。助欒高乎。曰。庸愈乎。然則歸乎。曰。君伐焉歸。公召之。而後入。端委朝服四族謂欒高陳鮑何善言無善可助也庸愈言罪惡不差於陳鮑公卜使王黑以靈姑銔率。吉。請斷三尺焉而用之。五月庚辰。戰于稷。欒高敗。又敗諸莊。國人追之。又敗諸鹿門。王黑齊大夫靈姑銔齊侯旗名率帥師也斷三尺不欲與君同也稷齊地莊六軌道也鹿門齊城門銔音平○愚按欒高本齊公族公乃自弱其枝俾陳氏得市恩而植黨焉所謂倒持大阿而授之柄也欲國祚不移陳得乎欒施高彊來奔。杜預氏云欒高不書非卿陳鮑分其室。晏子謂桓子必致諸公讓德之主也讓之謂懿德凡有血氣皆有爭心故利不可彊思義爲愈義利之本也藴利生孽姑使無藴乎可以滋長桓子盡致諸公而請老于莒。讓德之主以下晏子之言彊強取也藴畜也孽妖害也言畜利多則妖害生且無畜利以生妖害庶幾可以滋益其利也莒齊邑藴紆粉反長上聲桓子召子山私具幄幕器用從者之衣屨而反棘焉子商亦如之而反其邑子周亦如之而與之夫于反子城子公公孫捷而皆益其禄凡公子公孫之無禄者私分之邑國之貧約孤寡者私與之粟曰詩云陳錫載周能施也桓公是以霸。子山子商子周襄三十一年子尾所逐子城子公公孫捷襄八年子旗所逐皆羣公子私具不告公也覆帳曰幄在上曰幕棘子山故邑今山東臨淄縣子周本無邑更與之夫子之邑今山東長山縣亦如之亦爲具器用衣裳也私與之邑以己邑私分之也曰以下桓子辭也詩大雅文王篇陳敷錫賜載行周徧也能施不吝於施也桓子言己之多施爲此（施去聲爲去聲）公與桓子莒之旁邑。辭。穆孟姬爲之請高唐。陳氏始大。穆孟姬景公母唐高今爲山東高唐州杜預氏云傳言陳氏所以興○秋七月。平子伐莒。取郠。獻俘。始用人於亳社。平子即季孫意如郠莒邑用人以人祭也亳社殷社杜預氏云取郠不書公見討於平丘諱之也（郠音梗）臧武仲在齊。聞之。曰。周公其不饗魯祭乎。周公饗義。魯無義。詩曰。德音孔昭。視民不佻。佻之謂甚矣。而壹用之。將誰福哉。時武仲先出奔在齊魯殺人以祭是謂無義詩小雅鹿鳴篇孔甚昭明佻偷也言君子德音甚明其視下民不偷薄壹同也同人於畜牲也（佻音挑）

○戊子晉平公卒鄭伯如晉及河晉人辭之游吉遂如晉平公卒如裨竈言河晉河禮諸侯不相弔故晉人辭鄭伯○九月叔孫婼齊國弱宋華定衛北宮喜鄭罕虎許人曹人莒人邾人滕人薛人杞人小邾人如晉葬平公也杜預氏云不書諸侯大夫者非盟會鄭子皮將以幣行子產曰喪焉用幣用幣必百兩百兩必千人千人至將不行不行必盡用之幾千人而國不亾子皮固請以行幣見新君之贄子產言載幣用車百乘則徒千人人衆則費廣將不能行必盡用以給之則此小國能當幾千人之所費而不亾既葬諸侯之大夫欲因見新君叔孫昭子曰非禮也弗聽叔向辭之曰大夫之事畢矣而又命孤孤斬焉在衰絰之

中其以嘉服見則喪禮未畢其以喪服見是重受弔也大夫將若之何皆無辭以見事遂葬之事孤昭公也既葬未卒哭故猶服斬衰無辭以見無說以求見也衰七雷反子皮盡用其幣歸謂子羽曰非知之實難將在行之夫子知之矣我則不足書曰欲敗度縱敗禮我之謂矣夫子知度與禮矣我實縱欲而不能自克也晉果以禮拒又用幣盡皆如子產言故子皮悔之言知之難在於行夫子既知不可用幣而我不能行是爲徒知此我之不足非夫人之咎也書商書太甲篇克勝也

昭子至自晉大夫皆見高彊見而退昭子語諸大夫曰爲人子不可不慎也哉昔慶封亡子尾多受邑而稍致諸君君以爲忠而甚寵之將死疾于公宮輦而歸

君親推之其子不能任是以在此忠爲令德其子弗能任罪猶及之難不慎也喪夫人之力棄德曠宗以及其身不亦害乎詩曰不自我先不自我後其是之謂乎

昭子公孫婼也時高彊出奔在魯亦往見昭子疾于公宮在公宮被疾也推推車也不能任不能當其父之爵禄也難猶言可也夫人謂子尾曠空也害害於事也詩小雅瞻仰篇言禍亂不在他正當已身踰高彊身自取此禍也喪去聲

○冬十二月宋平公卒初元公惡寺人柳欲殺之及喪柳熾炭于位將至則去之比葬又有寵

元公大子左也熾炭于位以溫地去之使公坐其處杜預氏云傳言元公好惡無常

春秋左傳註評測義卷之五十一　終

春秋左傳註評測義卷之五十二

明吳興後學淩稚隆輯著

昭公七

【經】庚午十有一年晉昭公宋元公元年春王二月。叔弓如宋。葬宋平公。○夏四月丁巳。楚子虔誘蔡侯般殺之于申。蔡侯嘗弒父而立而楚子亦弒逆之賊故春秋同斥其名以見其罪同[般]音斑○楚公子弃疾帥師圍蔡。滅不言圍此言圍所以病晉不能救蔡也○五月甲申。夫人歸氏薨。昭公之母歸姓胡女○大蒐于比蒲。○仲孫貜會邾子盟于祲祥。祲祥地闕[祲]音侵○秋。季孫意如會晉韓起齊國弱宋華亥。衛北宮佗。鄭罕虎。曹人。杞人。于厥慭。厥慭地闕[慭]魚蕲反○汪克寬氏曰春秋書八國大夫會厥慭於楚師圍蔡之後滅蔡之前則中國失救患之義雖微傳其事著矣○九月己亥葬我小君齊歸也齊謚○冬十有一月丁酉楚師滅蔡執蔡世子有以歸用之用之殺以祭山也○李廉氏曰書誘書殺書圍書執書用蓋以傷中國之微而深惡夷狄之暴也

【傳】十一年春王二月叔弓如宋葬平公也嫌叔弓以聘事行故釋以會葬○景王問於萇弘曰今茲諸侯何實吉何實凶對曰蔡凶此蔡侯般弑其君之歲也歲在豕韋弗過此矣楚將有之然壅也歲及大梁蔡復楚凶天之道也景王周王萇弘周大夫何實吉何國實得吉福也襄三十年蔡侯般弑其君歲星在豕韋今歲星復在豕韋與蔡侯弑君之歲同故知蔡凶不過此年蔡近楚故知楚將有之無德而享大利所以壅積其惡

楚靈王弒立之年歲星在大梁至昭十三年歲星復在大梁故知楚凶蓋美惡周必復二國皆以此推之萇直良反○陸粲氏曰蔡般楚虔之惡皆三靈所不容區區以星度占其凶福者淺之乎知天道也人史遷書稱萇弘明鬼神言方怪用是見殺其所記良與左氏乖繆然吾考萇子之行事與其議論雖蹇蹇忠篤固微信鬼神矣遷之言亦有自哉楚子在申召蔡靈侯靈侯將往蔡大夫曰王貪而無信唯蔡於感今幣重而言甘誘我也不如無往蔡侯不可三月丙申楚子伏甲而饗蔡侯於申醉而執之夏四月丁巳殺之刑其士七十人感憾同蔡迩楚常憾其不從順士從行之士杜預氏云傳言楚子無道○公子弃疾帥師圍蔡韓宣子問於叔向曰楚其克乎對曰克哉蔡侯獲罪於其君而不能其民天將假手於楚以斃之

何故不克。獲罪於君謂弒父不能不能施德也然肸聞之。不信以幸。不可再也。楚王奉孫吳以討於陳曰將定而國。陳人聽命而遂縣之。今又誘蔡而殺其君。以圍其國。雖幸而克。必受其咎。弗能久矣。桀克有緡以喪其國。紂克東夷而隕其身。楚小位下。而亟暴於二王。能無咎乎。不信用詐也言用詐討而僥倖得國此偶然之事不可再得孫吳陳悼太子偃師之子而汝也事在八年桀爲仍之會有緡叛之雖僥倖而克而卒放于南巢紂爲黎之蒐東夷叛之雖僥倖而克而卒自焚以死小國小也下卑也喪去聲天之假助不善。非祚之也。厚其凶惡而降之罰也。且譬之如天。其有五材而將用之。力盡而敝之。是以無拯。不可沒振。五材金木水火土言天有五材而將用之必使之長茂以盡其

力至于斃而後爲用故無救助之者不可沒振言○
沒于水不可復救喻楚于力盡自斃無復救助也

五月。齊歸薨。齊謚也齊歸敬歸之娣即夫人歸氏也○大蒐于比蒲。非禮也。大云者僭天子之制也○孟僖子會邾莊公盟于祲祥脩好禮也。杜預氏云盟會所以安社稷故盟喪謂之禮○趙汸氏曰春秋盟會常也何獨于有喪之時而稱得禮泉丘人有女。夢以其帷幕孟氏之廟。遂奔僖子。其僚從之。盟于清丘之社。曰。有子。無相棄也。僖子使助薳氏之簉。反自祲祥。宿于薳氏。生懿子。及南宮敬叔。於泉丘人。其僚無子。使字敬叔。泉丘魯地其女以夢故奔僖子僚鄰女也從隨也盟二女共盟也簉副倅也薳氏僖子副妾别居在外故僖子納泉丘女令副助之於泉丘人謂泉丘人生二子也字養也使僚養敬叔以爲子踐清丘盟也薳爲彼反簉初又反○楚師在蔡。晉荀吳謂韓宣子曰。不能救陳。又不能救蔡。物以無親。晉之不能亦可知也已。爲盟主而不恤亾國。將焉用之。在蔡之師向四月之師也物無親猶言物情不附[巳]音紀秋會于厥慭。謀救蔡也。杜預氏云經不書救蔡不果救也鄭子皮將行。子産曰。行不遠。不能救蔡也。蔡小而不順。楚大而不德。天將弃蔡以壅楚。盈而罰之。蔡必亾矣。且喪君而能守者鮮矣。三年王其有咎乎。美惡周必復。主惡周矣。不順謂弑逆不德謂強暴壅積盈滿也言天將滅蔡以積楚惡使盈滿而罰之所以蔡必亾而諸侯不能救也喪君謂弑君王楚王也歲星十二年一周天故爲善爲惡者凡十二年而後復也元年楚子弑君而立歲星在大梁後十三年十三歲歲星周復至大梁故云王惡周[惡]去聲晉人使狐父請蔡于楚弗許。狐父晉大夫○許瀚氏曰蔡能嬰城堅不下楚此易助也厥憖合天下之兵畏不敢救遣使請命示之不能使楚益驕而有以量中國之力而卒取之此韓起之罪也○附錄單子會韓宣子于戚。視下言徐。單子即單成公會戚欲救蔡也叔向曰。單子其將死乎。朝有著定。會有表。衣有襘。帶有結。會朝之言。必聞于表著之位。所以昭事序也。視不過結襘之中。所以道容貌也。言以命之。容貌以明之。失則有闕。朝內列位之定處也會野會也野會則設表爲位亦有定處襘衣領也結結大帶紐處言而聞于表著之位則不失之徐所以昭行事之序也視而在結襘之中則不失之下所以道容貌之和也襘古外反今單子爲王官伯。而命事於會。視不登帶。言不過步。貌不道容。而言不昭矣。不道不共。不昭不從。無守氣矣。伯長也命事于會命諸侯之事於戚之會也單子視下故不登帶言徐故不過步視不在於結禬非所以道容貌也言不聞于表著非所以昭事序也貌正曰共惟容貌不道故不共言順曰從惟言語不昭故不從守氣守身之氣也杜預氏云爲此年冬單子卒起本(道)音導(共)音恭 ○ 九月葬齊歸。公不慼。晉士之送葬者歸。以語史趙。史趙曰。必爲魯郊。侍者曰。何故。曰。歸姓也。不思親。祖不歸也。必爲魯郊言昭公必逐出在郊不得有國也姓生也言公乃歸氏所生而不念其親必不爲祖考所歸佑也○愚按昭公之必爲魯郊也奚獨於其歸姓而知之乎假令毋非歸姓將謂雖臨喪不慼也而無咎乎春秋蓋爲昭公孫於乾侯地爾 叔向曰。魯公室其卑乎。君有大喪。國不廢蒐。有三年之喪。而無一日之慼。國不恤喪。不忌君也。君無慼容。不顧親也。國不忌君。君不顧親。能無卑乎。殆其失國。卑不振也蒐謂蒐于北蒲邑畏顧念也杜預氏云爲二十五年公孫於齊傳 ○冬十一月。楚子滅蔡。用隱大子於岡山。蔡大子謚隱靈公之子楚殺之爲牲以祭岡山之神大音泰 申無宇曰。不祥。五牲不相爲用。況用諸侯乎。王必悔之。五牲牛羊犬豕雞也不相爲用如祭馬先不用馬之類悔悔爲暴虐也○王祿氏曰申無宇稱用諸侯則世子有已嗣君位矣特以其父誘殺于難其國被圍於内狼狽憂虞未能備爲君之禮爾 ○附錄 十二月。單成公卒。終叔向之言 ○附錄 楚子城陳蔡不羹。使弃疾爲蔡公。不羹有二一在襄城東南一在定陵西北皆楚要地故兼城之羹音郎 王問於申無宇曰。弃疾在蔡何如。對曰。擇子莫如父。擇臣莫如君。鄭莊公城櫟而寘子元焉。使昭公不立。齊桓公城穀而寘管仲焉。至于今賴之。臣聞五大不在邊。五細不在庭。親不在外。羈不在內。今弃疾在外。鄭丹在內。君其少戒。子元鄭公子也莊公城櫟寘子元使檀伯為邑大夫以佐之桓十五年厲公因子元以殺檀伯而遂居之卒使昭公不安位而見殺此言寘人不善者莊二十二年齊桓公城穀寘管仲與霸業至今猶賴其澤此言寘人善者二事總見親不可外尤當擇人上古金木水火土謂之五五官五官之長長強盛不可使居邊城恐據邑以叛也五官之長細弱不可使居朝庭恐威令不行也故親不在外則無五大在邊之患羈不在內則無五細在庭之患今弃疾親也而使居蔡鄭丹羈也而使在國內二者皆犯古人所忌戒警戒也櫟櫟音歷王曰。國有大城。何如。對曰。鄭京櫟實殺曼伯。宋蕭亳實殺子游。齊渠丘實殺無知。衛蒲戚實出獻公。若由是觀之。則害於國。末大必折。尾大不掉。君所知也。大城即城陳蔡不羹之謂京櫟鄭二大城曼伯即檀伯厲公取櫟又并京邑因得以殺曼伯蕭亳宋二大城莊十二年宋萬立子游羣公子奔蕭公子御說奔亳蕭叔大心與羣公子殺子游渠丘齊大城莊九年雍廩以渠丘邑殺無知蒲戚衛二大城襄十四年甯殖孫林父逐獻公害于國即祭仲所謂都城過制必爲國害是也末大必折以樹木喻尾大不掉以畜獸喻杜預氏云爲十三年陳蔡作亂傳〔曼〕音萬〔掉〕徒弔反

〔經〕辛未 十有二年春齊高偃帥師納北燕伯于陽。高偃齊大夫陽燕別邑三年北燕伯出奔齊六年齊將納之而不果故高偃納之 ○三月壬申鄭伯嘉卒。○夏宋公使華定來聘。定華椒孫 ○公如晉至河乃復。○五月葬鄭簡公。○楚殺其大夫成熊。杜預氏云傳在葬簡上經從赴 ○秋七月。○冬十月。公子慭出奔齊。以謀亂故書名貶之 ○楚子伐徐○晉伐鮮虞鮮虞白狄別種今北直隸新樂縣有鮮虞亭傳十二年春齊高偃納北燕伯款于唐因其衆也唐郎陽也因唐衆欲納之故先得入唐○三月鄭簡公卒將爲葬除及游氏之廟將毀焉子大叔使其除徒執用以立而無庸毀曰子産過女而問何故不毀乃曰不忍廟也諾將毀矣既如是子産乃使辟之葬除除治葬道也游氏子大叔之族除徒治道之徒用毀廟之器用庸用也子大叔使除徒但執器用以立無用即毀其廟且教除徒以爲若子産過女除道之所問女以不毀廟之故女當言不忍遽毀以其爲廟故也則女又當即應之曰諾今將毀其廟矣如是如大叔之教辟之迂道而行也爲去聲大音泰下同女音汝辟音避司墓之室有當道者毀之則朝而塴弗毀則日中而塴子大叔請毀之曰無若諸侯之賓何子産曰諸侯之賓能來會吾

喪豈憚日中。無損於賓。而民不害。何故不爲。遂弗毀。日中而葬。司墓鄭之掌公墓者塴下棺也毀之則路直早朝可下棺不毀則路迂日中可下棺無若諸侯之賓言恐送葬賓客不能久待也塴逋鄧反 君子謂子產於是乎知禮。禮無毀人以自成也。以不毀游氏之廟司墓之室爲知禮 ○夏宋華定來聘。通嗣君也。宋元公新立故來聘 公享之。爲賦蓼蕭。弗知。又不答賦。昭子曰。必亡。宴語之不懷。寵光之不宣。令德之不知。同福之不受。將何以在。蓼蕭詩小雅篇首章義取燕咲語兮

是以有譽處兮言欲與賓語也而華定不能懷思二章義取旣見君子爲龍爲光言欲以龍光賓也而華定不能宣揚三章義取宜兄宜弟令德壽豈言賓有令德可以壽樂也而華定不能知識四章義取和鸞雝雝萬福攸同言欲與賓同福祿也而華定不能享受將何以在言不能居位也杜預氏云爲二十年華

定出奔傳○附錄齊侯衛侯鄭伯如晉朝嗣君也晉昭公立故諸侯皆
朝○公如晉至河乃復取郠之役莒人愬于晉晉有
平公之喪未之治也故辭公公子慭遂如晉公如晉亦欲朝
嗣君也取郠之後在十年慭魯大夫杜預氏云慭如晉不書還遂不復命而奔○家鉉翁氏曰魯受莒之叛
臣叛邑皆季氏所爲明年晉人執意如亦知罪之所在而公每至晉輒爲所卻豈晉之諸臣曲爲季氏之
地公有辭而不能自伸與○附錄晉侯享諸侯子產相鄭伯辭於享
請免喪而後聽命晉人許之禮也時鄭簡公未葬不可以從享故以辭
享爲得禮相去聲下同○愚按居喪無外事鄭伯既捐殯而朝晉矣逮於享而後辭未見其合于禮也然
則晉人之許之也禮乎君子曰于其始入竟也而亟辭之迨其免喪而後聽其朝焉是禮也晉侯
以齊侯宴中行穆子相投壺晉侯先穆子曰有酒如

淮有肉如坻寡君中此為諸侯師中之齊侯舉矢曰有酒如澠有肉如陵寡人中此與君代興亦中之伯瑕謂穆子曰子失辭吾固師諸侯矣壺何為焉其以中儁也齊君弱吾君歸弗來矣穆子曰吾軍帥彊禦卒乘競勸今猶古也齊將何事公孫傁趨進曰日旰君勤可以出矣以齊侯出穆子荀吳也淮水名坻水中高地澠水名陵大阜皆狀其富也代更也伯瑕鄭士文伯儁異也言中壺不足為儁異也齊侯欲與晉代興故云弱吾君穆子言晉武勇不異於昔齊不事晉將何所事也公孫傁齊大夫見賓主不和故以君出杜預氏云傳言晉霸之衰坻音遲中去聲傁音叟旰音干

○楚子謂成虎若敖之餘也遂殺之或譖成虎於楚子成虎知之而不能行書曰楚殺

其大夫成虎。懷寵也。成虎令尹子玉之孫與鬬氏同出於若敖宣四年鬬椒作亂故楚子信讒而殺成虎杜預氏云觧經所以書名○六月。葬鄭簡公杜預氏云傳終子産辭享明既葬則為免葬經書五月誤○附錄晉荀吳僞會齊師者。假道於鮮虞。遂入昔陽。秋。八月。壬午。滅肥。以肥子綿皐歸。荀吳僞將以師與齊師會者昔陽今山西清源縣有昔陽城肥白狄也今北直隸盧龍縣有肥兒國綿皐肥子名杜預氏云爲下晉伐鮮虞起本○附錄周原伯絞。虐其輿臣。使曹逃。冬。十月。壬申朔。原輿人逐絞而立公子跪尋。絞奔郊。原伯絞周大夫原公也輿衆也曹其徒也跪尋絞弟郊周邑○附錄甘簡公無子。立其弟過。過將去成景之族。成景之族賂劉獻公。丙申。殺甘悼公而立成公之孫鰌。丁酉。殺獻大子之傅庾皮之子過殺瑕辛于市及宮嬖綽王孫沒劉州鳩陰忌老陽子毌簡公周卿士成公景公皆過之先君獻公亦周卿士賂之欲使殺過悼公卽過鯆平公也庾過瑕辛及宮綽等五大夫皆毌悼公黨杜預氏云傳言周衰原毌二族所以遂微鯆音秋大音泰○季平子立而不禮於南蒯南蒯謂子仲吾出季氏而歸其室於公子更其位我以費爲公臣子仲許之季平子卽季孫意如立在七年蒯南遺之子季氏費邑宰子仲卽公子慭室季氏家財也公公室也更代也爲公臣爲子仲家臣也更音庚南蒯語叔仲穆子且告之故季悼子之卒也叔孫昭子以再命爲卿及平子伐莒克之更受三命叔仲子欲構二家謂平子曰三命踰父兄非禮也平子曰然故使昭子昭子曰叔孫氏有家

禍殺適立庶故婼也及此若因禍以斃之則聞命矣若不廢君命則固有著矣昭子朝而命吏曰婼將與季氏訟書辭無頗季孫懼而歸罪於叔仲子故叔仲小南蒯公子憖謀季氏穆子叔仲帶之子叔仲小也語以季氏不禮欲出之故悼子季武子之子平子父也昭子即叔孫婼十年平子伐莒以功加三命昭子亦以例加三命其先未有受三命者叔仲子即叔仲小欲構二家不和故以爲踰父凡使昭子自求貶黜家禍謂豎牛之亂在四年季氏實將勒之故言此以慍其心因亂以斃言因亂而討已也君命謂魯君命卿之典著位次也頗偏也語去聲憖告公而遂從公如晉南蒯懼不克以費叛如齊子仲還及衛聞亂逃介而先及郊聞費叛遂奔齊還還自晉也介副使也子仲舍其副使先歸杜預氏云言及郊解經所以書出南蒯之將叛也

其鄉人或知之過之而歎且言曰恤恤乎湫乎攸乎深思而淺謀邇身而遠志家臣而君圖有人矣哉恤恤憂患貌湫湫隘貌攸懸危貌深思而淺謀言知小而謀大也邇身而遠志言越分以求遠也家臣而君圖言非己所當為也上二句言其心下一句指其事有人言今有此人微指南蒯以感之(思)息嗣反南蒯枚筮之遇坤䷁之比䷇曰黃裳元吉以為大吉也枚籌名枚筮不告筮者以所卜之事空下一籌而使之卜坤上坤下坤坤下坎上比六五變而之比黃裳元吉六五爻辭示子服惠伯曰即欲有事何如惠伯曰吾嘗學此矣忠信之事則可不然必敗外彊內温忠也和以率貞信也故曰黃裳元吉黃中之色也裳下之飾也元善之長也中不忠不得其色下不共不得

其飾事不善不得其極外內倡和爲忠率事以信爲共供養三德爲善非此三者弗當且夫易不可以占險將何事也且可飾乎中美能黃上美爲元下美則裳參成可筮猶有闕也筮雖吉未也外卦坎險故彌內卦坤順故温所以爲忠坎水和而坤土安正所以爲信言惟忠惟信可以當此卦之義中中央也中中央屬土其色黃故云中色裳以飾下體故云下飾元者始也故云善長不得其色言非黃也不得其飾言不爲裳也極中也不得其極言失其中德不得爲長也外內倡和不相違背故謂之忠此釋中不忠之義行事以信無有虛詐故謂之共此釋下不共之義三德正直剛克柔克也以志意供奉長養之剛則抑之柔則進之使合于正直故謂之善此釋事不善之義言非忠共善三者不足以當此卦之義夫易猶言此易謂黃裳元吉之卦言易道正大不可以危險之事占之今汝所占爲何事乎不可飾外而不誠於中也杜註謂欲令從下

之飾未妥心居中故其美者能爲黄色元首居上故其美者能爲體元之義足居下故其美者能爲下裳之飾忠善共三者皆成吉可如筮設使三美有闕筮雖得吉未可用也〔長〕上聲〔共〕音恭〔和〕去聲○愚按傳中所引占筮之言率多牵合附會獨此篇正而有理得易之旨

將適費。飲鄉人酒鄉人或歌之曰我有圃生之杞乎從我者子乎去我者鄙乎倍其鄰者耻乎已乎已乎非吾黨之士乎。適費蒯自家還適費也歌言蒯在費欲爲亂如枸杞生於圃非其宜也從我不爲亂也子于男子之通稱言不失今之尊也去我背叛也鄙陋賤也鄰猶親也耻耻辱也歌者度南蒯終不肯改故重言已乎以絶之

平子欲使昭子逐叔仲小小聞之不敢朝昭子命吏謂小待政於朝曰吾不爲怨府逐叔仲小欲自解說也怨府言不能爲季氏逐小爲怨禍之聚也杜預氏云爲明年叔弓圍費傳

○楚子狩于州來。次于潁尾

使蕩侯潘子司馬督囂尹午陵尹喜帥師圍徐以懼吳楚子次于乾谿以爲之援雨雪王皮冠秦復陶翠被豹舄執鞭以出僕析父從右尹子革夕王見之去冠被舍鞭（潁尾潁水之尾蕩侯等楚五大夫徐國乾谿水名秦復陶秦所遺羽衣也被帔同翠被以翠羽飾被以禦雨也豹舄以豹皮爲履也執鞭以出號令也僕析父楚大夫子革即鄭丹暮見曰夕去冠舍鞭以敬大臣也〔囂〕音傲〔雨〕去聲）與之語曰昔我先王熊繹與呂伋王孫牟燮父禽父竝事康王四國皆有分我獨無有今吾使人於周求鼎以爲分王其與我乎對曰與君王哉昔我先王熊繹辟在荆山篳路藍縷以處草莽跋涉山林以事天子唯是桃弧棘矢以共禦王事

齊王舅也晉及魯衛王母弟也楚是以無分而彼皆有。今周與四國服事君王。將唯命是從豈其愛鼎。熊繹楚始封君吕伋齊大公之子丁公也王孫牟衛康叔子康伯也燮父晉唐叔之子禽父周公之子伯禽也康王成王子四國謂齊晉魯衛古者分同姓以珍玉展親分異姓以遠方之職貢使無忘服故言有分禹鑄九鼎三代傳之以爲有國之寳故楚欲求之以爲分器辟辟處也路車也以草爲之藍縷言弊衣也桃弧以桃爲弓棘矢以棘爲矢共禦王事所以被除不祥也言楚在山林少所出故共于王者微不與四國同成王之毋姜氏齊大公之女唐叔周公康叔成王同毋弟楚無分器以跡遠故也君王謂楚王辟音僻篳音畢共音恭王曰昔我皇祖伯父昆吾舊許是宅今鄭人貪賴其田而不我與我若求之其與我乎對曰與君王哉周不愛鼎鄭敢愛田。陸終氏生六子長曰昆吾少曰季連季連楚之祖故謂昆吾爲伯父昆吾常居許許地許既南遷故其地爲舊許此時舊許之地屬鄭故鄭人貪賴其田王曰昔諸侯遠我而畏晉今我大城陳蔡不羮賦皆千乘子與有勞焉諸侯其畏我乎對曰畏君王哉是四國者專足畏也又加之以楚敢不畏君王哉四國陳蔡二不羮也專言兵力專足(四)音預工尹路請曰君王命剥圭以爲鏚柲敢請命王入視之析父謂子革吾子楚國之望也今與王言如響國其若之何子革曰摩厲以須王出吾刃將斬矣工尹工正路其名鏚斧柲柄也破圭玉以餙斧柄也命制度之命析父楚子革承順王意如響應聲須俟也子革以鋒刃自喻言欲自摩厲以俟王之出而斬其淫慝也鏚音戚(柲)計利反王出復語左史倚相趨過王曰是良史也子善視之

是能讀三墳五典八索九丘倚相左史名子謂子革墳大道也伏羲神農黃帝爲三墳典常道也少昊顓頊高辛唐堯虞舜爲五典索求其義也八卦之說爲八索丘聚也九州之分爲九丘皆古書名相去聲對曰臣嘗問焉昔穆王欲肆其心周行天下將皆必有車轍馬跡焉祭公謀父作祈招之詩以止王心王是以獲沒於祗宮臣問其詩而不知也若問遠焉其焉能知之謀父祭公名周卿士祈招周司馬昔周穆王欲縱其心之所欲乘八馬遍行天下欲使車馬轍跡無所不到祭公方諫遊行故借司馬之言作詩以止遏王心王聞諫而改故得善終免篡弑之禍臣以此詩問相相未之知若問墳典遠事相豈能知之招音韶王曰子能乎對曰能其詩曰祈招之愔愔式昭德音思我王度式如玉式如金形民之力而無醉飽之心愔愔安和

貌式用昭明也。言祈父掌甲兵，安和而不用，用能明王之德音，思王室之法度，其用如玉之堅、如金之重，相民之力，制其形以器使之，而無荒淫醉飽之心。蓋是時穆王遠遊，過用民力，宴飲無度，故其詩如此。借

音音

王揖而入。饋不食，寢不寐，數日。不能自克，以及於難。王深感其言，不寢食者數日，卒不能勝其私欲，故不免弒之難。○愚按：楚子三問而子革三答辭，雖順焉，而中亦微含諷意，如首述熊繹之事天子，見靈王不能盡臣道也；次言周不愛鼎，鄭敢愛田，見靈王陵天子而虐鄰國也；末言四國足畏，而加之楚，見可畏之勢不專在楚也。惜乎靈王不悟，而析父亦未諭其意，故復須王之入而借祈招以諷之。雖然，虞事至此，禍機已發矣，雖自克，亦奚救乎？

仲尼曰：古也有志：克己復禮，仁也。信善哉！楚靈王若能如是，豈其辱於乾谿？爲明年夏楚公子比弒君張本。○晉伐鮮虞，因肥之役也。肥役在此年。

春秋左傳註評測義卷之五十二　終

左氏傳測義

18

自五十三
至五十五

春秋左傳註評測義卷之五十三

明吳興後學凌稚隆輯著

昭公八

【經】壬申十有三年陳惠公蔡侯鄭定公元年春。叔弓帥師圍費。○夏四月。楚公子比。自晉歸于楚。弒其君虔于乾谿。高閌氏云先書比歸者明比在外本無弒君之心也及其以棄疾之請遂有得位之心故復言弒者正比之首惡也既曰歸于楚又曰弒于乾谿者非比親弒之也加之罪耳棄疾脅比而立虔自縊而死若比不從棄疾之脅則虔未必死棄疾不得比則無以濟其亂比見利而動遽欲為君則成虔之縊者比也又焉得避是名哉○楚公子弃疾殺公子比。李廉氏云比若實弒君則不當仍書公子弃疾若真討賊則不當不書人楚國若實君比則不當不書其君書公子則比異於州吁無知不書人則弃疾異於石碏雍廩不書其君則楚人視比異於商人蔡般此春秋之變文也○秋。公會劉子。晉侯齊侯宋公衛侯鄭伯曹伯莒子邾子滕子薛伯杞伯小邾子于平丘劉子獻公平丘衛地今河南陳留縣有平丘城○林堯叟氏曰晉合諸侯由是止鄟陵之後參盟復作而晉非盟主矣○八月甲戌同盟于平丘以齊服故書同公不與盟非同惡故不諱與音預晉人執季孫意如以歸○公至自會無傳公雖不與同盟然已與平丘之會故以會致○蔡侯廬歸于蔡陳侯吳歸于陳書侯位其所固有也書歸國其所宜歸也書名素非諸侯至此始立也不言自楚不與夷狄之得滅而復之也○冬十月葬蔡靈公○公如晉至河乃復晉人辭公○吳滅州來

【傳】十三年春叔弓圍費弗克敗焉平子怒令見費人

執之以爲囚俘。去年南蒯以費叛故季氏使叔弓圍之反爲費人所敗經不書諱之也○王樵氏曰南蒯之叛雖以不見禮之故然一則曰歸其室於公一則曰我以費爲公臣所爲不忘乎公室未始欲以邑附他國也故後雖以費入齊而君子不名其叛 冶區夫曰。非也。若見費人。寒者衣之。饑者食之。爲之令主。而共其乏困。費來如歸。南氏亾矣。民將叛之。誰與居邑。若憚之以威。懼之以怒。民疾而叛。爲之聚也。若諸侯皆然。費人無歸。不親南氏。將焉入矣。冶區夫魯大夫言若恤費人則人皆思季氏而來歸南蒯必亾若不恤而執之則民惡季氏而叛之是爲南蒯結聚其衆也皆然皆如魯之囚俘費氏也區烏侯反衣去聲食音嗣共音供爲去聲 平子從之。費人叛南氏。費叛南氏在明年杜預氏云傳善區夫之謀終言其效 ○楚子之爲令尹也。殺大司馬薳掩而取其室。及卽位，奪薳居田。遷許而質許圍。蔡洧有寵於王。王之滅蔡也，其父死焉。王使與於守而行。申之會，越大夫戮焉。王奪鬭韋龜中犫，又奪成然邑而使爲郊尹。蔓成然故事蔡公。故薳氏之族及薳居、許圍、蔡洧、蔓成然，皆王所不禮也。因羣喪職之族，啓越大夫常壽過作亂，圍固城，克息舟，城而居之。殺薳掩在襄三十年。居掩之族。遷許在九年。圍，許大夫。楚滅蔡在十一年。洧，蔡人仕楚，其父在蔡，故死。王使洧與守國而王至乾谿。申之會在四年。越大夫常壽過也。戮者，陳其罪惡以徇諸軍，言將殺之，終亦不殺也。鬭韋龜，令尹子文玄孫。中犫，其食邑。成然，韋龜子。郊尹，治郊境大夫。蔓成然卽成然。然，故猶舊也。蔡公，棄疾也。韋龜以棄疾有當璧之命，故使成然事之。羣喪職，羣大夫之失職者。啓，開也。息舟，楚邑。固城，疑亦楚邑。質音至。洧

音委瞑音頂喪去聲

觀起之死也其子從在蔡事朝吳曰今不封蔡蔡不封矣我請試之以蔡公之命召子干子晳及郊而告之情強與之盟入襲蔡蔡公將食見之而逃觀從使子干食坎用牲加書而速行已徇於蔡曰蔡公召二子將納之與之盟而遣之矣將師而從之蔡人聚將執之辭曰失賊成軍而殺余何益乃釋之

觀起死在襄二十二年朝吳蔡大夫聲子之子觀從以父死怨楚知吳忠於蔡故勸之作亂子干子晳皆靈王弟元年子干奔晋子晳奔鄭從以二子有次立之分而棄疾得衆可假以濟因矯其命以召二子而告以棄疾不知之實情遂強與之盟入襲蔡之不備蔡公不知其故驚起避之從使子干食蔡公之食掘地為坎以埋牲血加書其上僞若與蔡公盟之驗以示衆而使行已觀從也誑言蔡公先使二子入楚將

助之以師其後衆將執從從言二三子既去蔡公又已成軍而獨殺我一人不足以解亂賊謂二三子也〔強〕上聲〔巳〕音紀

朝吳曰二三子若能死亡則如違之以待所濟

若求安定則如與之以濟所欲且違上何適而可衆

言蔡人若能爲楚子死亡則莫若違棄疾命以待終之成敗若欲安定則莫若從棄疾命以納二子上謂

曰與之乃奉蔡公召二子而盟于鄧依陳蔡人以國

蔡公二子謂子干子晳鄧楚邑依倚也以陳蔡人有故國之思故許其復國以招慰之時蔡公兼治陳

楚公子比公子黑肱公子弃疾蔓成然蔡朝吳帥陳

蔡不羹許葉之師因四族之徒以入楚及郊陳蔡欲

爲名故請爲武軍蔡公知之曰欲速且役病矣請藩

而已乃藩爲軍蔡公使須務牟與史猈先入因正僕

人殺大子祿及公子罷敵。公子比爲王。公子黑肱爲令尹。次于魚陂。公子弃疾爲司馬。先除王宮使觀從從師于乾谿而遂告之。且曰。先歸復所。後者劓。師及訾梁而潰。子比子干也黑肱子晳也四族薳氏許圍蔡洧蔓成然也時靈王次于乾谿而蔡洧與於守故作亂之徒因而入楚陳蔡欲築壘爲復讐名以示後人蔡公知其情不欲假其名故阻之藩籬也須務牟史猈皆楚大夫蔡公之黨正僕大子近官祿罷敵皆靈王子魚陂楚地今湖廣景陵縣有井魚陂除治也遂告之從乾谿之兵而告之使叛靈王也復所安其所也劓截鼻也〔囊〕音郎〔葉〕音攝〔大〕音泰〔罷〕音皮〔劓〕音劉〔訾〕子斯反 王聞群公子之死也。自投于車下。曰人之愛其子也。亦如余乎。侍者曰。甚焉。小人老而無子。知擠于溝壑矣。王曰。余殺人子多矣。能無及此乎。右尹子革曰請待于郊以聽國人王曰衆怒不可犯也曰若入於大都而乞師於諸侯王曰皆叛矣曰若亾於諸侯以聽大國之圖君也王曰大福不再秖取辱焉然丹乃歸于楚王沿夏將欲入鄢芋尹無宇之子申亥曰吾父再奸王命王弗誅惠孰大焉君不可忍惠不可弃吾其從王乃求王遇諸棘闈以歸夏五月癸亥王縊于芋尹申亥氏申亥以其二女殉而葬之

擠隊也言夊而隊墜于溝壑可預知也聽國人聽所欲從也若猶言何不也皆叛謂陳蔡不羹許葉之類圖君圖謀納君也然丹子革也順流為沿夏漢水別名再奸命謂斷王旌執人於章華宮棘里名闈門也楚語云楚靈王不君其臣箴諫不入其民不忍饑勞之殃三軍叛王于乾谿王獨行屏營彷徨于山林之中

三日其涓人噣王呼之曰余不食三日矣噣趨而進王枕其股以寢於地王寐噣枕王以塊而去之王覺而無見也乃匍匐將入於棘闈棘闈不納乃入芋尹申亥氏焉〔擠〕子細反〔芋〕音諭○愚按楚靈弑逆不道主也申亥即德其惠務之已爾何至殺二女殉之不忍於君而忍於其女譆推其所爲者寧有是乎獨惜二女離茲不辜而國人莫爲哀之如三良者○季本氏曰楚虔之弑公子比倡亂而弑也其歸晉人奉之而歸也則主此謀者專在晉矣考之書法其義自見如左氏所云則弑君由亂衆而所特以爲主者弃疾也比特爲人所脅爾於法應書楚人弑君以著衆亂之實豈得專歸大惡於比且比之歸本因晉力而國中應之傳載叔向之言曰去晉而不送則與經文書自晉之意不合矣又曰歸楚而不逆則與經文書歸楚之意不合矣故凡左氏之說類多傳聞君子於此亦信其所可信者而已矣○觀從謂子干曰不殺弃疾雖得國猶受禍也子干曰余不忍也子玉曰人將忍子吾不忍俟也乃行子玉即觀從忌弃疾欲殺之以

謀不用懼禍至而亾國每夜駭曰。王入矣。乙卯夜。弃疾使周走而呼曰。王至矣。國人大驚。使蔓成然走告子干子晳曰。王至矣。國人殺君司馬。將來矣。君若早自圖也。可以無辱。衆怒如水火焉。不可爲謀。又有呼而走至者曰。衆至矣。二子皆自殺國人相駭稱王至天啓弃疾也弃疾因而遂其謀詐言國已殺司馬將殺子干子晳以恐之司馬卽弃疾君謂二子杜預氏云不書殺君位未定也丙辰。弃疾卽位。名曰熊居。葬子干于訾。實訾敖。殺囚。衣之王服而流諸漢。乃取而葬之。以靖國人。名改名也楚人謂不成君無號謚者爲敖此云訾敖以地名冠之國人不知王縊每駭以爲王入故取囚詐以爲王而葬之以安國人之心三衣去聲使子旗爲令尹。子旗卽蔓成然楚師還自徐。吳人敗諸豫章獲其五帥平王封陳蔡復遷邑致群賂施舍寬民宥罪舉職前年圍徐之師還以國亂故吳得敗之豫章五帥蕩侯潘子司馬督囂尹午陵尹喜也陳蔡已滅故云封九年遷城父人於陳遷方城外人於許今皆復之始舉事時所許貨賂今皆致之施施恩惠舍舍逋負舉職修廢官也召觀從王曰惟爾所欲對曰臣之先佐開卜乃使為卜尹觀從教子干殺弃疾故召用之佐開卜佐卜人開龜兆也卜尹卜大夫使枝如子躬聘于鄭且致犫櫟之田事畢弗致鄭人請曰聞諸道路將命寡君以犫櫟敢請命對曰臣未聞命既復王問犫櫟降服而對曰臣過失命未之致也王執其手曰子毋勤姑歸不穀有事其告子也枝如子躬楚大夫犫櫟本鄭邑爲楚所取平王初立故使還以賂鄭楚使知鄭服不須其賂

故弗致降服如今解冠謝罪也過罪過也毋勤毋以見使為勤不穀平王自謂有事言將復使之善其有權也櫟音歷他年芋尹申亥以王柩告乃改葬之申亥葬靈王故以其柩告初靈王卜曰余尚得天下不吉投龜詬天而呼曰是區區者而不余畀余必自取之民患王之無厭也故從亂如歸尚庶幾也詬詈也區區小也畀與也詬音搆初共王無冢適有寵子五人無適立焉乃大有事于群望而祈曰請神擇於五人者使主社稷乃徧以璧見於群望曰當璧而拜者神所立也誰敢違之既乃與巴姬密埋璧於大室之庭使五人齊而長入拜康王跨之靈王肘加焉子干子晳皆遠之平王弱抱而入再拜皆厭

紐傳又推疾得國與子干無成之故冢大也群望謂楚分野星辰及其國内山川之神巴姬楚王妾大室楚祖廟齊齋戒也長入拜從長幼以次入拜也跨過其上也肘加拜時手肘加於璧上也遠拜處與璧相遠也厭紐壓璧紐之上蓋其初埋時微見璧紐以爲識故知厭厭紐(共)音恭(適)音的(見)音現(大)音泰(齊)音齋(厭)音壓○邵寶氏曰此適然之變而以邪心成之若也不可爲典也繼欽焉而後可以議及繼正也及權也長幼亦然 **鬭韋龜屬成然焉。且曰。弃禮違命。楚其危哉。**屬托也韋龜知其兆故以子托而事之弃禮弃立長之禮而卜於神也違命違當璧之命而立康王也(屬)音燭 **子干歸。韓宣子問於叔向曰。子干其濟乎。對曰。難。宣子曰。同惡相求。如市賈焉。何難。**元年子干奔晉至觀從召之歸濟成也宣子言弃疾與子干同謀造難相求如市賈之貨物其事必成也(賈)音古 **對曰。無與同好。誰與同惡。取國有五難。有寵而無人。一也。**

有人而無主二也有主而無謀三也有謀而無民四也有民而無德五也向言子干本無黨無有與之同謀者寵父所寵愛也人贊人也主內外爲應援者謀畫策也民得民心也德爲人仰望也子干在晉十三年矣晉楚之從不聞達者可謂無人族盡親叛可謂無主無釁而動可謂無謀爲羈終世可謂無民亾無愛徵可謂無德王虐而不忌楚君子干涉五難以弒舊君誰能濟之從從子干遊者達明達也族宗族也親叛無親族在楚也無釁未有大釁也亾謂出奔并無愛徵楚人無愛念之徵也子干徒以楚不堪靈王之虐故借以君名而作亂涉是五難以被弒君之名終無能成有楚國者其弃疾乎君陳蔡城外屬焉苛慝不作盗賊伏隱私欲不違民無怨心先神命之國民信

之芊姓有亂必季實立楚之常也獲神一也有民二也令德三也寵貴四也居常五也有五利以去五難誰能害之（時穿封戌既殺弃疾以蔡公兼陳事城外方城外屬服屬言寵貴也苛煩細也慝惡也上無虐政則民不爲盜上順民欲則民無怨怒言令德也先神謂群望命之謂當璧而拜言獲神也爲民信服言有民也芊尹姓季少子言居常也芊音米）子干之官則右尹也數其貴寵則庶子也以神所命則又遠之其貴亾矣其寵弃矣民無懷焉國無與焉將何以立（右尹官卑言無民庶子言不能過弃疾遠之謂不當璧言不獲神以其敌位不尊故云貴亾以其父既沒故云寵弃言無寵貴民無懷言非令德國無與言無內主也上不信弃疾有主此不言子干不居常其義互見曰無同）宣子曰齊桓晉文不亦是乎（亦是言皆以庶賤而得國也）對曰齊桓衛姬

之子也。有寵於僖。有鮑叔牙、賓須無、隰朋以為輔佐。有莒、衛以為外主。有國、高以為內主。從善如流。下善齊肅。不藏賄。不從欲。施舍不倦。求善不厭。是以有國。不亦宜乎。衛姬齊僖公妾有寵于僖公言其貴寵鮑叔牙賓須無隰朋三賢臣言其有人莒其所奔國衛其舅國氏高氏俱齊上卿言其有主如流速也齊莊肅敬也言其有謀不藏賄清也不從欲儉也言其有令德施舍不倦申言不藏賄從欲求善不厭申言從善下善齊齊音齋從音縱　我先君文公。狐季姬之子也。有寵於獻。好學而不貳。生十七年。有士五人。有先大夫子餘、子犯以為腹心。有魏犨、賈佗以為股肱。有齊、宋、秦、楚以為外主。有欒、郤、狐、先以為內主。亡十九年。守志彌篤。惠、懷棄民。民從而與之獻無異親。民無異望。天方相晉。將何以代文。犬戎狐姓獻公妾也言其毋貴而有寵好學而不貳言其有謀有德上五人狐偃趙衰顛頡魏武子司空季子也子餘卽趙衰子犯卽狐偃魏犨卽魏武子賈佗不在五人列言其有人齊宋秦楚謂齊妻以女宋贈以馬楚王享之秦伯納之欒郤狐先謂欒枝郤穀狐突先軫也言其有主守志彌篤中言好學不貳惠惠公懷懷公弃民不恤民也獻公子九人惟文公在故云國無異親民無他望言其得民（相）去聲

此二君者異於子干。共有寵子。國有奧主。無施於民。無援於外。去晉而不送。歸楚而不逆。何以冀國。共共王也寵子謂弃疾言無寵室西南隅曰奧國內皆以弃疾爲主言無人無施於民言無令德無援於外言無外主不送不逆言無民冀國冀望得國也杜預氏云傳言子干所以蒙弑君之名弃疾所以得國（共）音恭

○晉成虒祁。諸侯朝而歸者皆有貳心。成虒虒祁在八年諸侯賤其奢故有貳心（虒

音斯○李本氏曰晉平公時與楚竝主夏盟自宋虢二會以來晉多讓楚繼以熊虔暴虐遂無忌憚晉之失諸侯蓋久矣豈爲成虎祁之故哉

爲取鄆故。晉將以諸侯來討。叔向曰。諸侯不可以不示威。乃竝徵會。告于吳。秋。晉侯會吳子于良。水道不可。吳子辭。乃還。七月。丙寅。治兵于邾南。甲車四千乘。羊舌鮒攝司馬。遂合諸侯于平丘。

魯伐莒取鄆在上年叔向知晉德薄故欲示諸侯以威徵會召諸侯會平丘也良今南直隸邳州有良城不可不通也四千乘三十萬人鮒叔向弟攝兼官也〔爲〕去聲〔鮒〕音父○愚按晉楚爲成晉人媮墮苟安無復自強之志楚虔由是盡召諸侯主盟中國而晉人鼠伏不敢出者幾二十年及楚虔弒而晉昭立乃乘楚亂復爲會于平丘然不能修德以一人之心而徒恃甲兵之威是以雖大合諸侯臨之以天子之老而卒失霸業者無其本而專恃其末故也雖然楚人自是不入寇而中國庶以少安則斯盟亦與有力焉

子產子大叔相鄭伯以會子產以幄幕九張行子大叔以四十既而悔之每舍損焉及會亦如之幄幕軍旅之帳如之亦如子產九張杜預氏云傳言子產之適宜大叔之從善大音泰次于衛地叔鮒求貨於衛淫芻蕘者衛人使屠伯饋叔向羹與一篋錦曰諸侯事晉未敢攜貳況衛在君之宇下而敢有異志芻蕘者異於他日敢請之叔向受羹反錦曰晉有羊舌鮒者瀆貨無厭亦將及矣爲此役也子若以君命賜之其已客從之未退而禁之衛地即平丘淫縱也餉牲曰芻草薪曰蕘屠伯衛大夫宇下猶言庇下請之欲其禁止也受羹不逆其意反錦不利其貨瀆數也及及於禍爲此役爲此淫芻蕘之事已止也言屠伯若假君命以錦賜鮒則芻蕘者必止屠伯從其言未退而鮒

卽禁止芻蕘者○晉人將尋盟齊人不可齊有二心故不可晉侯使叔向告劉獻公曰抑齊人不盟若之何對曰盟以底信君苟有信諸侯不貳何患焉告之以文辭董之以武師雖齊不許君庸多矣天子之老請帥王賦元戎十乘以先啓行遲速唯君劉獻公王卿士底致董督庸功也討之有辭則敵易克故庸多天子大夫稱老元戎戎車在前者啓開行道也言欲佐晉討齊也底音旨叔向告于齊曰諸侯求盟已在此矣今君弗利寡君以爲請弗利弗以尋盟爲利對曰諸侯討貳則有尋盟若皆用命何盟之尋旣用命以拒晉不肯尋盟也叔向曰國家之敗有事而無業事則不經有業而無禮經則不序有禮而無威序則不

共有威而不昭共則不明不明弃共百事不終所由傾覆也言國家之所以敗者有事而無職業則其事必不經常有職業而無禮法則其經必無次序有禮法而無威儀則其序必不共敬有威儀而不昭告神明則其共必不明信故信義不明則弃共弃共則無威無禮無業而百事不終國家之敗蓋由於此[共]音恭下同是故明王之制使諸侯歲聘以志業間朝以講禮再朝而會以示威再會而盟以顯昭明志業於好講禮於等示威於衆昭明於神自古以來未之或失也存亡之道恒由是興志識也言明王立爲法制使諸侯每歲一聘以識其業三歲一朝以習其禮六歲一會以示其威十二歲一盟以明其信蓋識業在於交好故使聘習禮在於等差故使朝示威在於聚衆故爲會明信在於告神故爲盟盟興起也言爲之則存廢之則亡存亡起於此也[間]好[俱]去聲晉禮主盟懼有不

治奉承齊犧而布諸君求終事也君曰余必廢之何齊之有唯君圖之寡君聞命矣言晉以此禮而主盟恐諸侯有不治禮者奉承齊盟所用之牲而陳布此意於齊君求終十二年一盟之事也必欲廢其禮則何用此齊盟爲哉聞命知齊之背約也言欲與戰以恐之齊人懼對曰小國言之大國制之敢不聽從既聞命矣敬共以往遲速唯君言之達其情也制之斷其可否也叔向曰諸侯有閒矣不可以不示衆八月辛未治兵建而不旆壬申復旆之諸侯畏之閒隙也旆大將之旗先日但建不旆不曳其旆次日則曳旆示以欲戰恐之【閒】去聲耳邾人莒人愬于晉曰魯朝夕伐我幾亾矣我之不共魯故之以魯與邾同好伐莒惟元年十年供不共職也故侵陵之故也曰朝夕伐曰不共皆魯故所謂讒慝弘多也【共】音供晉侯

不見公使叔向來辭曰諸侯將以甲戌盟寡君知不得事君矣請君無勤（無勤言不勞來盟）子服惠伯對曰君信蠻夷之訴以絶兄弟之國弃周公之後亦唯君寡君聞命矣（蠻夷謂邾莒）叔向曰寡君有甲車四千乘在雖以無道行之必可畏也況其率道其何敵之有牛雖瘠僨於豚上其畏不死南蒯子仲之憂其庸可弃乎若奉晉之衆用諸侯之師因邾莒杞鄫之怒以討魯罪閒其二憂何求而弗克（率循也僨仆也言以瘦牛仆於小豚之上不畏猪之不死喻晉大魯小雖弱亦必勝魯也南蒯子仲事在前年方内叛爲魯憂故晉因以爲閒邾莒杞鄫近魯素有怨鄫雖滅其民猶存併以懼魯不使與盟僨音奮）魯人懼聽命（魯人恐晉）

之討不敢與盟○戴溪氏曰桓文之霸先屈意交魯今昭公欲復霸最先治魯晉之盟主止於此亦理勢然也

甲戌同盟于平丘齊服也

經所以稱同○季本氏曰據傳會以取鄆故而將討魯晉盟以投壺故而將服齊恐未必然蓋魯之伐莒於經本無取鄆之書齊之代與於傳徒有投壺之戲安可據以為平丘會盟之實哉

令諸侯曰中造于除癸酉退朝子產命外僕速張於除子大叔止之使待明日及夕子產聞其未張也使速往乃無所張矣

造至也除地為壇盟會處也朝朝晉也外僕掌次舍大夫張張幄幕也諸侯會盟者衆稍後則地盡而無所張杜預氏云傳言子產每事敏於大叔造七按反大音泰下同

及盟子產爭承曰昔天子班貢輕重以列列尊貢重周之制也卑而貢重者甸服也鄭伯男也而使從公侯之貢懼弗給也敢以為請諸侯

靖兵好以爲事。行理之命。無月不至。貢之無藝。小國有闕。所以得罪也。諸侯修盟。存小國也。貢獻無極。亾可待也。存亾之制。將在今矣。自日中以爭。至于昏。晉人許之。承奉也奉貢賦之次也列位也貢制以位之尊卑爲輕重位尊則地廣故貢多惟甸服在畿內供天子故卑而貢重鄭在畿外列爵伯男不應出公侯之貢靖息也行理使人也藝法制也無極無窮也旣盟。子大叔咎之曰。諸侯若討。其可瀆乎。子産曰。晉政多門。貳偷之不暇。何暇討。國不競。亦陵。何國之爲。瀆易慢也言易慢晉則諸侯必來討鄭貳懷私也偷苟且也競强也陵侮也言國不自强則亦爲人陵侮不成爲國公不與盟。晉人執季孫意如。以幕蒙之。使狄人守之。司鐸射懷錦。奉壺飲冰。以蒲伏焉。守者御之。

乃與之錦而入。晉人以平子歸。子服湫從。晉信邾莒之譖故囚公不得與盟蒙覆冒也時北狄從晉會故使狄人守之如長崖之戰楚使隨人守舟之類司鐸射魯大夫懷錦以備用也氷箭筩蓋脫而用之可以取飲司鐸射奉壺飲以氷承之也蒲伏與匍匐同手足並行也御不聽其入也平子卽意如湫惠伯與音預射音亦奉音捧飲去聲御音禦從去聲湫子小反子產歸。未至。聞子皮卒。哭且曰。吾巳無爲爲善矣。唯夫子知我。巳止也無爲無無緣也子皮既卒無人知巳之善故云無無爲爲善上爲去聲仲尼謂子產於是行也。足以爲國基矣。詩曰。樂旨君子。邦家之基。子產君子之求樂者也。且曰。合諸侯。藝貢事。禮也。詩小雅南山有臺篇旨語辭言可樂之君子足爲立國基本藝貢事貢事有法制也杜預氏云嫌爭競不順故以禮明之○傳遜氏曰齊無管仲則不霸鄭無子產則不國然管仲之舉也以鮑叔子產之任也以子皮二子之才世恒有而鮑罕不恒有也可勝悼哉○附録鮮虞人聞晉師之悉起也而不警邊且不修備晉荀吳自著雍以上軍侵鮮虞及中人驅衝競大獲而歸平丘之會晉甲車四千乘故云悉起中人戎地今北直隷慶都縣竟有中人城競爭逐也言驅衝車與狄爭逐也杜預氏云爲十五年晉伐鮮虞起○楚之滅蔡也靈王遷許胡沈道房申於荆焉平王即位既封陳蔡而皆復之禮也滅蔡在十一年許胡沈道房申六小國楚皆滅之以爲邑胡今南直隷潁州有胡城房今河南遂平縣有吳房城荆在今湖廣南漳縣西北禮謂安民定國之禮隱大子之子廬歸于蔡禮也悼大子之子吳歸于陳禮也隱大子大子有也廬蔡平侯悼大子偃師也吳陳惠侯大音泰○愚按弃疾自以當璧之祥窺伺君位非一日矣一旦脅公子比籍陳蔡以發其難既殺比而自立欲以悅國人之心遂

復陳蔡以暴虐之惡而歸功於巳此假義之事何以稱焉雖然楚自此不為患於中國則弃疾亦過於虔遠矣○冬十月葬蔡靈公禮也國人復成禮以葬故云禮杜預氏云此陳蔡事傳皆言禮嫌楚所封不得比諸侯故明之○公如晉荀吳謂韓宣子曰諸侯相朝講舊好也執其卿而朝其君有不好焉不如辭之乃使士景伯辭公于河如晉請季孫子也有不好於和好有不順也景伯士文伯之子彌牟也○愚按季孫見執而公復如晉說者以為請季孫而譏其失進退之義是不然季氏專魯公之意亦欲去之南蒯之謀公子慭從公如晉其意亦欲達此而晉以鄭故辭公則取鄭正季孫罪也慭雖獨往而意又不達遂出奔齊至是執意如反以公子慭南蒯之間脅魯而公之意卒不能自達也故不得巳公復如晉托為請之陰欲明其事而去之為晉者當如胡氏所云按邾莒所訴之狀究南蒯公子慭奔叛之由告於諸侯以其罪執之更其卿位收其私邑庶乎可稱伯討也乃不能然卒使季氏復

強而昭公客死此無他由晉之諸卿專權而庇強家故也○吳滅州來。令尹子旗請伐吳。王弗許。曰。吾未撫民人。未事鬼神。未修守備。未定國家。而用民力。敗不可悔。州來在吳。猶在楚也。子姑待之。在吳猶在楚言州來雖爲吳有可以復取而有之與在楚無異也杜預氏云傳言平王所以能有國○附録季孫猶在晉。子服惠伯私於中行穆子曰。魯事晉。何以不如夷之小國。魯兄弟也。土地猶大。所命能具。若爲夷弃之。使事齊楚。其何瘳於晉。親親與大。賞共罰否。所以爲盟主也。子其圖之。諺曰。臣一主二。吾豈無大國。私私與語也夷謂邾莒晉晉命也具供給也瘳差也親親指上兄弟與大指上土地賞共指上能具罰否罰其不能具者臣一主二者言魯尚有齊楚也爲爲去聲下同共音供穆子告韓宣子。且曰。楚滅陳蔡不能救。而爲夷執親。將焉用之。乃歸季孫。惠伯曰。寡君未知其罪。合諸侯而執其老。若猶有罪。死命可也。若曰無罪。而惠免之諸侯不聞。是逃命也。何免之爲。請從君惠於會。老尊卿之稱死命死晉之命也惠免施恩惠而免也逃命私歸也惠伯欲於會盟時見遣暴魯無罪宣子患之。謂叔向曰。子能歸季孫乎。對曰。不能。鮒也能。乃使叔魚。叔魚見季孫曰。昔鮒也得罪於晉君。自歸於魯君。微武子之賜。不至於今。雖獲歸骨於晉。猶子則肉之。敢不盡情。歸子而不歸。鮒也聞諸吏。將爲子除館於西河。其若之何。且泣。平子懼。先歸。惠伯待禮。鮒字叔魚襄二十一年叔魚坐叔虎與欒氏黨并得罪武子季平子，祖父猶子則肉之言猶已死枯骨而季氏再生其肉也盡情以實相告也除治也除館西河言將囚於其地且泣欲實其言也待禮待以見遣之禮蓋叔魚多詐無情實故能爲之泣所以叔向能之

【經】癸酉十有四年楚平王元年 春。意如至自晉。大夫不至必見執而後至危之也○三月。曹伯滕卒。無傳○夏四月。無傳○秋。葬曹武公。無傳○八月。莒子去疾卒。○冬。莒殺其公子意恢。意恢與亂君爲黨故書名惡之

【傳】十四年春。意如至自晉。尊晉罪已也。尊晉罪已。禮也。內大夫有罪則貶去其族故傳以去意如之族爲尊晉罪已禮修已而不責人故傳以尊晉罪已爲得禮○劉敞氏曰左氏以舍族爲尊晉罪已非也一事再見故書名爾魯本無罪何罪已之有○附錄

南蒯之將叛也盟費人司徒老祁慮癸僞廢疾使請於南蒯曰臣願受盟而疾興若以君靈不死請待間而盟許之司徒老祁慮癸皆蒯家臣君靈謂蒯之威靈間差也間去聲二子因民之欲叛也請朝衆而盟遂劫南蒯曰群臣不忘其君畏子以及今三年聽命矣子若弗圖費人不忍其君將不能畏子矣子何所不逞欲請送子請期五日遂奔齊朝衆欲因合衆以逐蒯也君謂季氏不畏子言將叛也逞快也言何所往不可快汝之欲蓋使出奔也送子使出奔也蒯以五日爲期冀有他變五日無變乃出奔齊侍飲酒於景公公曰叛夫對曰臣欲張公室也子韓皙曰家臣而欲張公室罪莫大焉司徒老祁慮癸來歸費齊侯使鮑

文子致之。呼為叛夫戲之也張大也〇韓晳齊大夫以蒯越職故云罪大二子述蒯而歸貴於魯齊侯假使人致之以要人効非事實也〇愚按晳之言何其闇於大義哉傳云食土之毛孰非君臣夫家臣亦魯公之臣也如曰張公室而罪焉是使家臣皆私其家以弱其公也而可免乎公山不狃據費召仲尼仲尼欲就之曰且為東周焉南氏子而有君子者輔之盡忠以匡正其主使還政與邑于公而退守臣節焉魯於是其庶矣顧區區欲以力勝之安得不蒙叛夫之名〇附錄

夏。楚子使然丹簡上國之兵於宗丘。且撫其民。分貧振窮。長孤幼。養老疾。收介特。救災患。宥孤寡。赦罪戾。詰姦慝。舉淹滯。禮新叙舊。禄勳合親。任良物官。使屈罷簡東國之兵於召陵。亦如之。好於邊疆。息民五年。而後用師。禮也。上國在國都之西居上流者宗丘楚地分與也貧無貨財者振救也窮無生業者介特單身民也收養不

使流散也宥寬其賦稅也詰責問也淹滯有才德而未敘者新外人新來者舊舊人未用者勳功也親九族也賢良也物事也謂量事而官之此皆撫民之事也東國在國都之東者亦如之亦如上國也好結好也以其能安民故云禮〔分〕如字〔長〕上聲〔詰〕音桀〔罷〕音皮〔召〕音邵○秋八月莒著丘公卒郊公不慼國人弗順欲立著丘公之弟庚與蒲餘侯惡公子意恢而善於庚與郊公惡公子鐸而善於意恢公子鐸因蒲餘侯而與之謀曰爾殺意恢我出君而納庚與許之郊公著丘公之子弗順以民弗懷我也庚與莒共公也蒲餘侯莒大夫茲夫也意恢鐸皆群公子杜預氏云爲下冬殺意恢傳〔與〕音餘〔惡〕去聲○附錄楚令尹子旗有德於王不知度與養氏比而求無厭王患之九月甲午楚子殺鬭成然而滅養氏之族使鬭辛居鄖

以無忘舊勳。（有德有佐立之德不知度不以法度自檢也養賁氏養由基之後子旗黨也成然卽子旗辛子旗之子鄖公辛也鄖今湖廣德安府其地也舊勳卽有德之謂比去聲鄖音云）

○冬。十二月。蒲餘侯茲夫殺莒公子意恢。郊公奔齊。公子鐸逆庚與於齊。齊隰黨公子鉏送之。有賂田。（郊公奔以意恢殺也隰黨鉏皆齊大夫賂田莒賂齊以田也）

○附錄 晉邢侯與雍子爭鄐田。久而無成。士景伯如楚。叔魚攝理。韓宣子命斷舊獄。罪在雍子。雍子納其女於叔魚。叔魚蔽罪邢侯。邢侯怒。殺叔魚與雍子於朝。（邢侯楚申公巫臣之子奔晉晉與之邢雍子亦楚大夫奔晉晉與之鄐邢與鄐比故爭其田士景伯晉理官攝代也蔽周禮作弊斷也鄐音欲斷端去）

宣子問其罪於叔向。叔向曰。三人同罪。施生戮死可也。雍子自知其罪而賂以買直鮒也鬻獄邢侯專殺其罪一也已惡而掠美爲昏貪以敗官爲墨殺人不忌爲賊夏書曰昏墨賊殺皐陶之刑也請從之施生謂施罪於邢侯生者戮死謂戮雍子叔魚死者鬻猶賣也掠取昏亂也指雍子墨不絜也指叔魚忌畏賊害也指邢侯夏書逸書皐音從掠音畧乃施邢侯而尸雍子與叔魚於市行罪於邢侯而殺之所謂施生也陳二子之尸於市所謂戮死也仲尼曰叔向古之遺直也治國制刑不隱於親三數叔魚之惡不爲末減曰義也夫可謂直矣平丘之會數其賄也以寬衛國晉不爲暴歸魯季孫稱其詐也以寬魯國晉不爲虐邢侯之獄言其貪也以正刑書晉不爲頗三言而除三

惡加三利殺親益榮猶義也夫古之遺直言其直有古遺風也不隱言無私也末薄減輕也曰義也夫疑之之辭可謂直矣其知其必然也平丘之會在前年叔向言其瀆貨無厭遂使衛國免於蒭蕘之害而晉不爲暴於衛歸魯季孫亦在次年叔向言鮒也能遂使魯國免於討伐而晉不爲虐於魯今邢侯之獄叔向言其鬻使合於制刑之法而晉之用刑不爲頗三惡暴虐頗也三利寬衛寬魯正刑書也益榮益有令名也上言義也夫猶疑其非義此言猶義也夫明其可謂之義蓋所謂大義滅親也杜預氏云三罪惟荅宣子問不可以不正其餘則以直傷義故重疑之〔數〕上聲〔頗〕普何反。陸粲氏曰此非仲尼之言也夫叔向之三言者獨議邢侯之獄爲近正然吾猶有譏焉曰大臣之誼先刑家而後正國鮒之得此也無乃敎赦之以素歟如有頑嚚弗率則亦豫言於君勿使與政巳矣焉用戮死以爲直哉若平丘之會則羊舌子寔爲之謀主不能正瀆貨者之辟而重賜以承其貪歸魯季孫復不能以禮與辭遣之而使一夫行詐二者皆傷國體爲諸侯笑何利之加自周公誅管蔡君子猶以爲聖人之不

幸而曰殺親益榮仁者固忍爲若言乎益左氏之誣孔子也無甚於此矣

春秋左傳註評測義卷之五十三終

春秋左傳註評測義卷之五十四

明吳興後學凌稚隆輯著

昭公九

【經】甲戌十有五年春王正月吳子夷末卒無傳○二月癸酉有事于武宮籥入叔弓卒去樂卒事事祭事武宮魯武公之廟○夏蔡朝吳出奔鄭朝吳不能遠讒所以見逐書名貶之○六月丁巳朔日有食之無傳○秋晉荀吳帥師伐鮮虞○冬公如晉

【傳】十五年春將禘于武公戒百官梓慎曰禘之日其有咎乎吾見赤黑之祲非祭祥也喪氛也其在涖事

乎。戒齋戒也祲妖氛也妖氣赤黑見于宗廟故以爲非祭祥氛惡氣也涖臨也言喪之惡氣當在涖臨事之人[祲]音侵二月癸酉禘。叔弓涖事。籥入而卒。去樂卒事。禮也。籥羽舞也叔弓卒故爲去樂而終喪事。○汪克寬氏曰有事武宮乃春祠之祭而不書祭名者以叔弓之卒去樂卒事變禮而書之非時祭之失故止曰有事而不曰祠也左氏以禘爲四時之祭遂誤以爲禘爾○楚費無極害朝吳之在蔡也。欲去之。乃謂之曰。王唯信子。故處子於蔡。子亦長矣。而在下位。辱。必求之。吾助子請。又謂其上之人曰。王唯信吳。故處諸蔡。二三子莫之如也。而在其上。不亦難乎。弗圖。必及於難。朝吳蔡大夫有功於楚平王無極忌其有寵謀害之子謂朝吳辱恥也二三子謂楚諸大夫既誘之使求上位而又間蔡之位在吳上者使逐之[難]去聲○王樵氏曰朝吳有功兩國見信兩主而身兩事焉此費無極所以來位下之言在其上者所以生及難之慮楚王所以信速飛之謗也費無極固巧於讒然在君子亦豈可不審於自處乎張子房韓讐已報不賴漢寵翩然物外得其道矣　夏蔡人逐朝吳朝吳出奔鄭王怒曰余唯信吳故寘諸蔡且微吳吾不及此女何故去之無極對曰臣豈不欲吳然而前知其為人之異也吳在蔡蔡必速飛去吳所以翦其翼也不及此言不得有楚國女謂無極欲恍也為人異言其多權謀也無極以鳥喩蔡言吳在蔡必能使蔡速飛而背楚故翦之〔女〕音汝〇附録六月乙丑王大子壽卒周景王子〔大〕音泰〇附録秋八月戊寅王穆后崩大子壽之母杜預氏云傳為晉荀躒如周葬穆后起〇晉荀吳帥師伐鮮虞圍鼓鼓人或請以城叛穆子弗許左右曰師徒不勤而可以獲城

何故不爲穆子曰吾聞諸叔向曰好惡不愆民知所適事無不濟或以吾城叛吾所甚惡也人以城來吾獨何好焉賞所甚惡若所好何若其弗賞是失信也何以庇民力能則進否則退量力而行吾不可以欲城而邇姦所喪滋多使鼓人殺叛人而繕守備鼓白狄之别種今北直隷晉州舊名鼓城愆過差也適歸濟成也好惡不愆三句叔向之言若所好何言無以復加所好也繕治也好惡喪俱去聲繕音善圍鼓三月鼓人或請降使其民見曰猶有食色姑脩而城軍吏曰獲城而弗取勤民而頓兵何以事君穆子曰吾以事君也獲一邑而教民怠將焉用邑邑以賈怠不如完舊賈怠無卒弃舊

不祥。鼓人能事其君。我亦能事吾君。率義不爽。好惡不愆。城可獲而民知義所。有死命而無二心。不亦可乎。猶有食色未絕糧也而汝也怠怠於守備賈買也完保守也卒終也鼓人事君言鼓人堅守其邑是能事鮮虞之君也我亦事君言我教民不怠是我亦能事吾晉君也爽差也義所義之所在荀吳自以其能獲故因以示義降音抗見音現賈音古○邵寶氏曰降有二道有叛而降者有服而降者文王之伐崇因壘而降所謂服也鼓人請以城叛則異於是是故服而降可受叛而降不可受鼓人告食竭力盡而後取之。克鼓而反。不戮一人。以鼓子鳶鞮歸。鳶鞮鼓君名鳶說全反鞮音提○季本氏曰晉于鮮虞伐之又伐鼓本以殄滅爲期者也此皆廣地之計豈有不納叛不受降之心者耶左氏好爲迂談說蓋不足信也○冬。公如晉。平丘之會故也。平丘之會在十二年公不與盟季孫見執今既得免故往謝之○附錄十二月晉荀躒如周葬穆后籍談爲介既葬除喪以文伯宴樽以魯壺荀躒文伯也魯壺魯所獻壺樽也躒音栗王曰伯氏諸侯皆有以鎮撫王室晉獨無有何也王感魯壺而責晉國獨無貢獻之物晉與周同姓故稱其大夫爲伯氏文伯揖籍談對曰諸侯之封也皆受明器於王室以鎮撫其社稷故能薦彝器於王晉居深山戎狄之與鄰而遠於王室王靈不及拜戎不暇其何以獻器文伯無辭故揖籍談而進之使對明器明德之分器薦獻彝常也常器如魯壺之屬靈威靈也天子之威靈不見及故數爲戎所侵陵拜猶事也言周先無分器故晉無獻王曰叔氏而忘諸乎叔父唐叔成王之母弟也其反無分乎密須之鼓與其大路文所以大蒐也闕鞏之甲武

所以克商也。唐叔受之以處參虛，匡有戎狄。其後襄之二路、鏚鉞、秬鬯、彤弓、虎賁，文公受之以有南陽之田，撫征東夏，非分而何。王稱荀躒爲伯氏，故稱其介爲叔氏，而汝也。唐叔，晉始封君。分，分器也。密須國今爲陝西靈臺縣，文王伐之，得其鼓。路，用以大蒐。闕鞏國所出鎧甲，武王用以克商。實沈之次，晉之分野，上繫參之虛域，故云參虛。匡，正也。襄，周襄王。二路，大路、戎路也。鏚，斧也。鉞，斧之大者。秬，黑黍。鬯，香酒。彤弓，朱弓。虎賁，王之御士。文公受賜在僖二十八年。〔蒐〕音搜。〔鞏〕音拱。〔鏚〕音戚。〔彤〕音同。夫有勳而不廢，有績而載，奉之以土田，撫之以彝器，旌之以車服，明之以文章，子孫不忘，所謂福也。福祚之不登，叔父焉在？不廢，謂加賞。載，書功於策也。土田，南陽之田。彝器，弓鏚之屬。車服，二路也。文章，旌旗也。叔父，謂晉侯。登，卽在之義。言福祚必在叔父。且昔而高祖孫伯黶司晉之典籍以爲大政。故曰籍氏。及辛有之二子董之。晉於是乎有董史。女司典之後也。何故忘之。而汝也孫伯黶晉正卿籍談九世祖辛有周人其二子適晉爲大史籍黶與之共董晉典因爲董氏董狐其後也董督也〔女〕音汝〔黶〕以斬反籍談不能對。賓出。王曰。籍父其無後乎。數典而忘其祖。賓荀躒也籍父謂籍談〔數〕音所籍談歸以告叔向。叔向曰。王其不終乎。吾聞之。所樂必卒焉。今王樂憂。若卒以憂。不可謂終。言心之所樂必終於此今王居喪宜憂而樂是爲樂憂也既樂其憂必以憂終故知王之不終王一歲而有三年之喪二焉。於是乎以喪賓宴。又求彝器。樂憂甚矣。且非禮也。二喪穆后及大子壽喪賓弔喪之賓天子無求故云非禮杜預氏云天子絕期喪惟服三年喪故后雖期通謂三年之喪邵寶氏云妻之喪子未除不可以再娶古之道也故謂有三年之喪二彝器之來。嘉功之由。非由喪也。三年之喪。雖貴遂服。禮也。王雖弗遂。宴樂以早。亦非禮也。言諸侯有彝器來獻于王者由諸侯有善功作彝器以自獻非由弔喪來獻器也遂竟也三年之喪雖貴爲天子禮宜竟服今王既不竟猶當隱慼而早爲宴樂亦非禮也禮。王之大經也。一動而失二禮。無大經矣。言以考典。典以志經。忘經而多言。舉典。將焉用之。二失禮指上文以喪賓宴又求彝器言考成志記也言言語所以成典法典法所以記禮經經今忘其大經而徒特言語舉引典故將安用此爲哉杜預氏云爲二十二年王室亂傳

【經】乙亥十有六年。吳王僚元年春。齊侯伐徐。○楚子誘戎蠻子殺之。戎蠻戎之別種今河南汝州西南有蠻中聚子爵○蔡沈氏曰楚子誘蔡侯殺之書月書

日書名書地以夷狄害中國疾之也誘殺戎蠻子皆不書夷狄相殘畧之也○夏。公至自晉○秋。八月己亥。晉侯夷卒。○九月。大雩。○季孫意如如晉○冬。十月。葬昭公。

[傳]十六年春王正月。公在晉。晉人止公。不書。諱之也。公猶以取鄆故爲晉所執諱而不書○齊侯伐徐。○楚子聞蠻氏之亂也。與蠻子之無質也。使然丹誘戎蠻子嘉殺之。遂取蠻氏。既而復立其子焉。禮也。質信也言其素失信于人也不絕其嗣故云禮質音至○愚按楚子稱賢而以詭道殺人此其爲夷狄也雖復立其子不得爲禮矣○二月。丙申。齊師至于蒲隧。徐人行成。徐子及郯人。莒人。會齊侯盟于蒲隧。賂以甲父之鼎。齊有代興之志故伐徐以始其事蒲隧徐地在

今南直隸邳州有蒲如陂甲父古國今山東金鄉縣舊有甲父亭徐人得其鼎茲以賂齊叔孫昭子曰諸侯之無伯害哉齊君之無道也興師而伐遠方會之有成而還莫之亢也無伯也夫詩曰宗周既滅靡所止戾正大夫離居莫知我肆其是之謂乎無伯謂無方伯之長害爲小國害也遠方謂郯莒亢禦也詩小雅雨無正篇戾定肆勞也言周舊爲天下宗今乃衰滅亂無止定執政大夫離居異心無有知我民之勞苦者昭子引此詩葢悼晉衰微其諸臣異心不能憂民之勞苦也杜預氏云傳言晉之衰肆音異○附錄三月晉韓起聘于鄭鄭伯享之子產戒曰苟有位于朝無有不共恪孔張後至立于客間執政禦之適客後又禦之適縣間客從而笑之孔張鄭大夫共恪敬也禮客入廟門大夫立于東夾之南面而張乃立于客間者葢

賓入未升階時立于西方故張誤立于客間也執政掌位列者禦而止之張又移立于客之後執政又禦止之張又盃趨西立于樂肆之縣間共音恭縣音玄事畢富子諫曰夫大國之人不可不慎也幾爲之笑而不陵我我皆有禮夫猶鄙我國而無禮何以求榮孔張失位吾子之耻也富子鄭大夫諫子產也人謂韓起幾猶數也數被其笑則必陵侮于我夫亦謂韓起何以求榮言必取辱也幾音紀子產怒曰發命之不衷出令之不信刑之頗類獄之放紛會朝之不敬使命之不聽取陵于大國罷民而無功罪及而弗知僑之耻也孔張君之昆孫子孔之後也執政之嗣也爲嗣大夫承命以使周於諸侯國人所尊諸侯所知立于朝而祀于家有祿于國有

賦于軍。喪祭有職受脤歸脤其祭在廟。已有著位。在位數世。世守其業而忘其所僑焉得耻之辟邪之人而皆及執政是先王無刑罰也子寧以他規我喪當頗徧

也類或作纇戾也放縱紛亂也不敬謂無禮敬之心不聽謂不從大國之命昆兄也子孔鄭襄公兄常執鄭國政政周徧也卿得自立廟故云祀于家祿邑也軍出卿賦百乘故云有賦于軍職職掌也受脤謂君祭以肉賜大夫歸脤謂大夫祭歸肉于公皆社之戎祭也其祭在廟謂助君祭著位表著之位忘其所忘所當立之位及累及也言爲過謬者自應加以刑罰不得上累執政也規正也使（去聲）辟（避音）皮辟（音僻）。

愚按孔張每忘其所爲客之笑罰固有歸矣執政者而不預閑以禮毋寧不與有耻乎吾不虞賢如子產猶多言以拒諫者

○附録

宣子有環其一在鄭商宣子謁諸鄭伯。子產弗與曰。非官府之守器也寡君不知工人有兩玉環

韓起得其一其一在商人韓起欲得之謁請也子大叔子羽謂子產曰韓子亦無幾求晉國亦未可以貳晉國韓子不可偷也若屬有讒人交鬭其間鬼神而助之以興其凶怒悔之何及吾子何愛於一環其以取憎於大國也盍求而與之無幾不多也偷薄也幾音紀屬音燭子產曰吾非偷晉而有二心將終事之是以弗與忠信故也僑聞君子非無賄之難立而無令名之患僑聞為國非不能事大字小之難無禮以定其位之患夫大國之人令於小國而皆獲其求將何以給之一共一否為罪滋大大國之求無禮以斥之何饜之有吾且為鄙邑則失位矣若韓

子奉命以使而求玉焉貪淫甚矣獨非罪乎出一玉以起二罪吾又失位韓子成貪將焉用之且吾以玉賈罪不亦銳乎忠信盡忠於宣子而守與國之信也立立于職位言韓子當患無令名不宜患家無賄見不當求環字愛也言鄭之爲國當患位不定不宜患事晉之難見不當與環斥黜饜足也爲鄭邑爲晉邊鄙供給之邑不復成國也失位失國君之列此申言無禮定位見鄭國不當與環淫謂淫縱此申言無令名見宣子不當求環賈買也銳細小也言以小事徼大罪也此總上意(共)音恭(賈)音古

韓子買諸賈人既成賈矣商人曰必告君大夫韓子請諸子產曰日起請夫環執政弗義弗敢復也今買諸商人商人曰必以聞敢以爲請韓子以威偪商人必以賤價取之故商人欲告君大夫而下文子產亦曰強奪商人也弗義弗以所求爲義也復再求也(成)(賈)音價子產

對曰。昔我先君桓公與商人皆出自周，庸次比耦，以艾殺此地，斬之蓬蒿藜藋，而共處之。世有盟誓，以相信也，曰：「爾無我叛，我無強賈，毋或匄奪。爾有利市寶賄，我勿與知。」恃此質誓，故能相保，以至于今。今吾子以好來辱，而謂敝邑強奪商人，是教敝邑背盟誓也，毋乃不可乎？吾子得玉而失諸侯，必不爲也。若大國令而共無藝，鄭鄙邑也，亦弗爲也。僑若獻玉，不知所成。敢私布之。鄭本在周畿內，桓公東遷與商人俱，故云皆出。庸，用也。用次序相比而耦耕，以除治此地之荒蕪，去其惡草，與商人共處之。強賈，強市其物也。匄，乞也。利市，逐利相市也。質，信也。辱，臨辱也。此復言宣子不當求環。藝，法也。若大國令共無常法，是鄭爲晉邊鄙之邑，鄭亦不敢從令。此復言鄭不當與環成和好也〔比〕去聲〔翟〕徒弟反〔強〕上聲〔與〕音預〔共〕音恭 韓子辭玉曰。起不敏。

敢求玉以徼二罪。敢辭之。二罪謂失諸侯鄭國杜頑氏云傳言子產知禮宣子能改過○傅遜氏曰以子產之才知而相鄭國屈服盟主恒不平於心故每遇事而發其英風可想見也

○附錄 夏四月。鄭六卿餞宣子於郊。宣子曰。二三君子請皆賦。起亦以知鄭志。詩言志故知鄭志 子齹賦野有蔓草。宣子曰。孺子善哉。吾有望矣。子齹子皮之子嬰齊也野有蔓草詩鄭風篇取其邂逅相遇適我願兮宣子善其幼而能賦望其能繼父賢〔齹〕才何反 子產賦鄭之羔裘。宣子曰。起不堪也。鄭詩羔裘篇言鄭別于唐羔裘也取其彼己之子舍命不渝邦之司直邦之彦兮以美韓子 子大叔賦褰裳。宣子曰。起在此。敢勤子至於他人乎。子大叔拜。宣子曰。善哉。子之言是。

不有是事。其能終乎。褰裳詩鄭風篇取其子惠思我褰裳涉溱子不我思豈無他人大叔欲宣子恤己否則將他適也勤勞也言起在晉與鄭崇好不復勞子適他人也拜謝之也其言嫌若二心故宣子更是之又言此褰裳之詩人情相與翫習恒不善其終惟有是警戒故能終于好子游賦風雨。子游駟帶之子駟偃也風雨詩鄭風篇取其既見君子云胡不夷子旗賦有女同車。子旗公孫段之子豐施也有女同車詩鄭風篇取其洵美且都言宣子威儀服飾盛也子柳賦蘀兮。子柳印段之子印癸也蘀兮詩鄭風篇取其倡予和女言宣子倡己將和之也宣子喜曰。鄭其庶乎。二三君子以君命貺起。賦不出鄭志。皆昵燕好也。二三君子數世之主也。可以無懼矣。宣子皆獻馬焉。而賦我將。庶庶幾于興也六詩皆鄭風故云不出鄭志昵親也皆以示親好之意我將詩周頌篇取其日靖四方我其夙夜畏天之威言志在靖亂畏懼天威也子產拜使五卿皆拜曰吾子靖亂敢不拜德拜其志在靖亂宣子私覲於子產以玉與馬曰子命起舍夫玉是賜我玉而免我死也敢不藉手以拜以玉馬藉手拜謝子產○公至自晉子服昭伯語季平子曰晉之公室其將遂卑矣君幼弱六卿彊而奢傲將因是以習習實為常能無卑乎平子曰爾幼惡識國昭伯惠伯之子子服回也時隨公自晉歸是謂晉君言晉卿將因君幼弱習成奢傲之事以為常而輕其君公室不能不卑也平子以其幼不信其言惡音烏○秋八月晉昭公卒杜預氏云為下平子如晉葬起○李廉氏曰平公五盟六會服齊狄寧東夏平秦亂城淳于晉祁午數當世之功如此然溴梁之事諸侯在會而大夫實主載書是委權以與之也荀偃一怒而十二國興戎後五年欒盈之變作曲沃之民惟主欒氏不知公室晉幾分國

而並立矣宋之盟晉主夏盟而挈諸侯以畀楚是棄權以假之也虢之會再讀舊書後八年楚靈會于申實用齊桓召陵之典晉益十年無與國之事矣至于昭公之政則又微矣僅一會大夫一盟諸侯方楚虔辱于乾谿諸夏庶幾復霸爲晉君臣者攺物屬志憤悱警懼以率舊烈猶恐不逮今也四方未覩德而虒祁崇侈以啓貳列國未聞信而邾南盛兵以示汰平丘雖曰同盟齊敢拒令鄭敢爭承衛病蒭蕘之擾魯因蠻夷之訴坐視諸侯之去而不之顧況能駕敵國哉宜乎晉之卑也○九月，大雩，旱也。○附錄鄭大旱，使屠擊、祝款、豎柎有事於桑山，斬其木，不雨。三子皆鄭大夫有事祭也不雨謂禱雨不應［柎］音付子產曰：有事於山，蓺山林也，而斬其木，其罪大矣。奪之官邑。蓺養護令繁殖也［蓺］音乂○冬十月，季平子如晉葬昭公。平子曰：子服回之言猶信，子服氏有子哉。平子自往見之乃信回言有子有賢子也經（丙子）十有七年春小邾子來朝○夏六月甲戌朔日有食之○秋郯子來朝○八月晉荀吳帥師滅陸渾之戎（自是凡滅稱大夫不復稱人）○冬有星孛于大辰（大辰房心尾也妖變非常故書）○楚人及吳戰于長岸（吳楚兩敗故但書戰而不書敗長岸楚地）

傳 十七年春小邾穆公來朝公與之燕季平子賦采菽穆公賦菁菁者莪昭子曰不有以國其能久乎（采菽詩小雅篇取其君子來朝何錫與之以穆公比君子菁菁者莪詩小雅篇取其既見君子樂且有儀以答采菽昭子嘉其能答賦言其賢故能久有國）○夏六月甲戌朔日有食之祝史請所用幣（周六月夏四月也為正陽之月純陽用事陰氣未動而侵陽為災重故大祝大史請用幣於社）昭子曰日有食之天子不舉伐鼓於社諸

侯用幣於社。伐鼓於朝。禮也。不舉不舉咼也社羣陰之聚故天子得伐鼓以責之社位上卿諸侯職卑於社不敢伐鼓但用幣以請救而伐鼓於朝以自責故昭子以爲禮平子禦之曰。止也。唯正月朔。慝未作。日有食之。於是乎有伐鼓用幣。禮也。其餘則否。禦禁也慝陰氣也平子繆以正月爲歲首之月而不爲周之六月故欲止之大史曰。在此月也。日過分而未至。三辰有災。於是乎百官降物。君不舉。辟移時。樂奏鼓。祝用幣。史用辭。故夏書曰。辰不集於房。瞽奏鼓。嗇夫馳。庶人走。此月朔之謂也。當夏四月。謂之孟夏。言正月朔者乃正陽之月在六月非謂歲首之正月也分春分至夏至三辰日月星也日月相侵又犯是宿故三辰皆爲災降物減物采也辟避正寢也移時過日食之時樂奏鼓樂人伐鼓於朝祝用幣大祝用幣于社史用辭大史用辭以自責夏書亂征篇集安也房次舍也日月不安其舍則食瞽樂師嗇夫司空之屬庶人庶人之在官者車馬曰馳步曰走爲救日食備也言此乃建巳正陽之月朔爲夏代之四月是謂孟夏(大)音泰(辟)避同

平子弗從昭子退曰夫子將有異志不君君矣夫子謂季平子言其不救日食有無君之心葢日君象救之所以抑臣助君也

○秋郯子來朝公與之宴昭子問焉曰少皞氏鳥名官何故也少皞金天氏黃帝子巳姓之祖郯子其後也郯子曰吾祖也我知之昔者黃帝氏以雲紀故爲雲師而雲名炎帝氏以火紀故爲火師而火名共工氏以水紀故爲水師而水名大皞氏以龍紀故爲龍師而龍名黃帝軒轅氏姬姓之祖黃帝受命有雲瑞故以雲紀事而百官卿長皆以雲名炎帝神農氏姜姓之祖有火瑞共工以諸侯霸有九州者在神農前大皞之後

亦有水瑞大皞伏羲氏風姓之祖有龍瑞[共]音恭[大]音泰 我高祖少皞摯之立也鳳鳥適至故紀於鳥爲鳥師而鳥名鳳鳥氏歷正也玄鳥氏司分者也伯趙氏司至者也青鳥氏司啓者也丹鳥氏司閉者也祝鳩氏司徒也鴡鳩氏司馬也鳲鳩氏司空也爽鳩氏司寇也鶻鳩氏司事也五鳩鳩民者也五雉爲五工正利器用正度量夷民者也九扈爲九農正扈民無淫者也 摯少皞名鳳鳥知天時故以名歷正之官玄鳥燕也以春分來秋分去故以名主二分之官伯趙伯勞也以夏至鳴冬至止故以名主二至之官青鳥鶬鴳也以立春鳴立夏止故以名司啓之官丹鳥鷩雉也以立秋來立冬去入大水爲蜃故以名司閉之官以上分至啓閉皆歷正之屬官祝鳩鷦鳩也鳥之孝者故以名司徒主教民之官鴡鳩王鳩也摯而

有別故以名司馬主法制之官鴡鳩鶚也其心均平故以名司空平水土之官爽鳩鷹也其性猛鷙故以名司寇主刑獄之官鶻鳩鶻鵰也春來冬去故以名司事主營造之官是爲五鳩鳩聚也治民尚聚故此五鳩皆以鳩爲名雉有五雉西方曰鷷雉攻木之工東方曰鶅雉摶埴之工南方曰翟雉攻金之工北方曰鵗雉攻皮之工伊洛之南曰翬雉設五色之工夷平也雉聲近夷故以五雉名工正之官所以利便民之器用正丈尺之度斗斛之量以平均下民者也扈有九種春扈鳻鶞相五土之宜趣民耕種者夏扈竊玄趣民耘苗者秋扈竊藍趣民收斂者冬扈竊黃趣民蓋藏者棘扈竊丹爲巢驅鳥者行扈唶唶晝爲民驅鳥者宵扈嘖嘖夜爲農驅獸者桑扈竊脂爲蠶驅雀者老扈鷃鷃趣民收麥令不得晏起者以九扈名農正之官皆以教民事扈止也所以止民使不淫放也〔鴸〕音朱〔量〕音亮〔扈〕音户

自顓頊以來，不能紀遠，乃紀於近，爲民師而命以民事，則不能故也。

顓頊氏繼少皥爲帝者德不能致遠瑞乃紀於近以民事命官則以德不能致遠瑞故也○家

鉉翁氏曰周魯俱衰典章闕壞而遠方小國之君乃知前古官名之沿革故傳録之也仲尼聞之見於郯子而學之既而告人曰吾聞之天子失官學在四夷猶信時仲尼年二十八言天子之官不修其職致使就四夷而學焉昔聞其言今方信之傳言聖人無常師○晉侯使屠蒯如周請有事於雒與三塗萇弘謂劉子曰客容猛非祭也其伐戎乎陸渾氏甚睦於楚必是故也君其備之乃警戎備屠蒯晉之膳宰以忠諫進有事祭也雒水名三塗山名在陸渾南萇弘周大夫劉子周卿士客謂屠蒯警戒備謂警戎以備戎欲因晉勢以獲戎俘也〔蒯〕苦怪反九月丁卯晉荀吳帥師涉自棘津使祭史先用牲于雒陸渾人弗知師從之庚午遂滅陸渾數之以其貳于楚也陸渾子奔楚其衆奔甘

鹿。周大獲。棘津河津名今北直隸棗強縣有棘津城貳于楚卽上睦于楚之謂甘鹿周地周以先警戒備故大獲○王樵氏曰晉非爲王室除患乃因其貳楚而陰襲之使非萇弘先見戒備素警則爲王室之震驚也大矣宣子夢文公攜荀吳而授之陸渾。故使穆子帥師獻俘於文宮。穆子卽荀吳獻俘文廟欲以應夢也○冬。有星孛于大辰。西及漢。周之冬。夏之八月也辰星見在天漢而此孛星出辰西其光芒東及天漢形如彗申須曰。彗所以除舊布新也。天事恒象。今除於火。火出必布焉。諸侯其有火災乎。申須魯大夫彗有篲之象有除舊生新之義天道恒以象示人今大火之星向伏而彗以除之是除舊也明年大火星出必布散爲災是布新也以此知諸侯必有火災也彗音悔梓慎曰。往年吾見之。是其徵也。火出而見。今茲火出。而章。必火入而伏。其居火也久矣其與不然乎。火出於夏爲三月。於商爲四月。於周爲五月夏數得天。梓慎魯大夫言去年已見此孛星諸侯將火之徵也蓋當時火出之時而彗星已見是隨火而行也今年火星之出而彗星章明是彗漸益長未即消滅必當火入之時與火俱伏也凡歷二年故云久其與不然言必然爲災也火出謂大火昏見斗柄所指分爲四時夏以建寅爲正則斗柄東指爲春南指爲夏是謂得天四時之正也此論星孛必爲火災[見]去聲若火作。其四國當之。在宋衛陳鄭乎。宋大辰之虛也。陳大皡之虛也。鄭祝融之虛也。皆火房也。星孛及漢。漢水祥也。衛顓頊之虛也。故爲帝丘。其星爲大水。大辰大火宋之分野虛舊居之處大皡居陳大火所自出故陳爲大皡之虛祝融高辛氏之火正居鄭故鄭爲祝融之虛房舍也言皆火所舍地故孛大辰知爲三國火天漢水也祥災異也顓頊以水德王居衛故地爲帝丘其星爲營室營室大水也故星孛及漢爲水災知爲鄭火此以孛之分野論所火之國[大]音泰水火之牡也。其以丙子若壬午作乎。水火所以合也。若火入而伏，必以壬午，不過其見之月。牡雄也水克火故水爲火雄火爲水妃丙午爲火壬子爲水水火合而相薄猶夫婦合而相親但水少而火多水不勝火故此丙子壬午之日當有火災然尚未知今孛星當復與火星俱伏否若孛星隨火星伏必於明年壬午火星見之月爲災于四國計周五月也此又自大辰及漢水上論火災之日鄭裨竈言於子產曰：宋、衛、陳、鄭將同日火。若我用瓘斝玉瓚，鄭必不火。子產弗與。瓘珪也斝玉爵也瓚勺也竈欲用三物禳火子產以天災流行非禳所息故弗與杜預氏云爲明年宋衛陳鄭災傳[斝]音假

○吳伐楚。陽匄爲令尹，卜戰，不吉。司馬子魚曰：我得上流，何故不吉？且楚故，司馬令龜，我請改卜。

令曰魴也以其屬死之楚師繼之尚大克之吉戰于長岸子魚先死楚師繼之大敗吳師獲其乘舟餘皇使隨人與後至者守之環而塹之及泉盈其隧炭陳以待命陽匄楚穆王曾孫令尹子瑕也子魚公子魴也楚居吳之上流順江而下易於勝敵故云我得上流子魚言楚之故事卜戰則司馬以其事命龜我乃司馬請改命龜以卜令曰以下改卜之辭屬私屬也言以私屬先與死戰尚庶幾也吉得吉兆也先死先戰而死也餘皇乘舟名環周也周四圍掘塹深至泉隧出入道也炭火也守舟者雖周而塹之猶不免有出入之路故置火湍于隧道師結爲陳以待楚命言其守之嚴密也吳公子光請於其衆曰喪先王之乘舟豈唯光之罪衆亦有焉請藉取之以救死衆許之使長鬣者三人潛伏于舟側曰我呼餘皇則對師夜從

之。三呼。皆迭對。楚人從而殺之。楚師亂。吳人大敗之。取餘皇以歸。光諸樊子闔廬也藉取謂藉衆力往取其舟以救死罪長鬣多髭鬚似楚人者伏于舟側吳師隨之三呼餘皇則長鬣伏于舟側者皆更迭而對楚人以爲怪故殺之而亂杜預氏云傳言吳光有謀（喪去聲）○趙鵬飛氏曰吳屢受楚兵襄二十五年吳雖伐楚門于巢卒兵亦未及楚也今王僚始爲長岸之戰其後楚日削而吳日張矣

春秋左傳註評測義卷之五十四終

春秋左傳註評測義卷之五十五

明吳興後學淩稚隆輯著

昭公十

經　丁丑十有八年春王三月曹伯須卒。○夏五月壬午宋衛陳鄭災。來告故書○六月邾人入鄅。鄅國名鄅音禹○秋葬曹平公。○冬許遷于白羽。楚雖遷許許亦樂遷故以自遷為文白羽即析楚邑今為河南內鄉縣

傳　十八年附錄春王二月乙卯周毛得殺毛伯過而代之萇弘曰毛得必亡是昆吾稔之日也侈故之以而毛得以濟侈於王都不亡何待。毛伯過周大夫得過之族代代其位萇弘

周賢大夫昆吾夏伯也稔熟也昆吾之君侈惡積熟以乙卯日與桀同誅今毛得亦以此日成其侈惡於王都故知其必亡杜預氏云爲二十六年毛伯奔楚傳萇長音長○愚按得之必亡也論其理則然惡在其爲昆吾稔之月哉况非乙卯得遂保有其位乎 ○三月曹平公卒。杜預氏云爲下會葬見原伯起本 ○夏五月火始昏見。丙子風。梓慎曰是謂融風火之始也七日其火作乎。戊寅風甚壬午大甚宋衛陳鄭皆火梓慎登大庭氏之庫以望之曰宋衛陳鄭也數日皆來告火火心星也東北曰融風融風木也木火之母火得風而盛故融風爲火之始從丙子至壬午七日壬午水火合之日故知火作大庭氏古國魯作庫于上登之可以望氣參近占以審前言皆驗見去聲禆竈曰不用吾言鄭又將火鄭人請用之子產不可子大叔曰寶以保民也若有火國幾亾可以救亾子何愛焉前年子產不用竈言復請之大音泰子產曰天道遠人道邇非所及也何以知之竈焉知天道是亦多言矣豈不或信遂不與亦不復火子產言天道難明雖竈亦何以盡知之由其多言故時或有中不足信也鄭之未災也里析告子產曰將有大祥民震動國幾亾吾身泯焉弗良及也國遷其可乎子產曰雖可吾不足以定遷矣里析鄭大夫祥變異也良語辭弗良及言將先災歿弗及見此災也子產知天變不可避且遷國大事故云吾力不足及火里析歿矣未葬子產使輿三十人遷其柩子產以析常與已言故遷其柩火作子產辭晉公子公孫于東門使司寇出新客禁舊客勿出於宮晉詛無畜群公子故

公子公孫多在鄭火時恐其爲變故辭之使處東門新來聘者未知虛實故出之使去舊客知國情故禁之不令出使子寬子上巡群屏攝至于大宮使公孫登徙大龜使祝史徙主祏於周廟告于先君使府人庫人各儆其事商成公儆司宮出舊宮人寘諸火所不及司馬司寇列居火道行火所焮城下之人伍列登城明日使野司寇各保其徵郊人助祝史除於國北禳火于玄冥回祿祈於四鄘書焚室而寬其征與之材三日哭國不市子寬即游速子上游吉之子皆鄭大夫屏攝攝束茅以爲屏蔽也大宮鄭祖廟使二子巡行祖廟不使火及也登開卜大夫祏廟主石函也每廟木主皆以石函盛之當祭則出之祭畢則納于函周廟厲王廟合群主于祖廟易救護也府庫皆藏貨賂之處儆備火也商成公鄭大夫司

宮巷伯寺人之官舊宮人先公宮女也司馬主兵司寇主刑列居火道備非常也爍炙也巡行火所爍炙之地使預爲之備也爲部伍登城備詐也野司寇縣士也火之明日四方乃閭災故戒使各保其所徵役之人具備以待上命恐成變也居郊外者令助大祝大史除治祭處於國北就大陰禳火玄冥水神祭之欲令水抑火也回祿火神祭之欲令火自止也鄘城也城積土陰氣所聚故祈祭之以禳火之餘災也書籍記也征力征賦稅也與之材以助營建也〔大〕宮音泰〔爍〕許斬反〔鄘〕音容使行人告於諸侯。宋衛皆如是。陳不救火。許不弔災。君子是以知陳許之先亾也。皆如是火政皆與鄭同也不舉行火政不恤民也不弔恤火患不畏天也後哀七年楚滅陳定八年鄭滅許傳言二國不義所以先亾

○六月。鄅人藉稻。邾人襲鄅。鄅人將閉門。邾人羊羅攝其首焉。遂入之。盡俘以歸。鄅子曰。余無歸矣。從帑於邾。邾莊公反鄅夫人。

而舍其女。鄭國其君自出藉稲攝持也斬閉門者而持其首歸妻子也舍止也杜預云爲明年宋伐邾起○秋。葬曹平公。往者見周原伯魯焉。與之語。不說學。歸以語閔子馬。原伯魯周大夫時在魯故往會葬者見之學謂學問閔子馬魯賢人〔說〕音悅閔子馬曰。周其亂乎。夫必多有是說而後及其大人。大人患失而惑。又曰。可以無學。無學不害。不害而不學。則苟而可。於是乎下陵上替。能無亂乎。夫學殖也。不學將落。原氏其亾乎。大人謂公卿大夫言國內之人必多有是不說學問之說而後傳流及其在位之大人懼違衆而失其位志氣惑亂故徇流俗而相爲此言則皆遂不學而事懷苟且上下失分不能不亂也殖生長也言學之進德如農之殖苗日新月益不好學問如苗之不殖則田萊荒蕪衰落而已○附錄七月。鄭子產爲火故。大爲社。

祓禳於四方。振除火災。禮也。爲治也大爲社者非常祭之月而爲火特祭其禮物大於常祭也振弃也嫌多。祭非禮故禮之〔爲〕火去聲〔祓〕音弗○愚按裨竈請禳。子産既拒之曰天道遠人道邇不可謂非正論而茲復大爲社祓禳於四方以振除火災何歟乃簡兵大蒐。將爲蒐除。子大叔之廟在道南。其寢在道北。其庭小。過期三日。使除徒陳於道南廟北。曰。子産過女而命速除。乃毀於而鄉。子産朝。過而怒之。除者南毀。子産及衝。使從者止之。曰。毀於北方。除治也治兵於城内地迫故除廣之廟家廟寢正寢大叔廟寢之間其庭小不便於蒐宜除因不忍毀故過期須子産見之有後命故大叔使除道之衆背寢嚮廟而立言若子産過女所除之道而令女速除則乃毀女所鄉之廟而女也朝朝君怒怨其不毀也北方謂寢杜預氏云言子産仁不忍毀人廟〔大〕音泰〔女〕音汝〔鄉〕音向〔從〕去聲○附錄火之作也。子產授兵登陴。子大叔曰。晉無乃討乎。子產曰。吾聞之。小國忘守則危。況有災乎。國之不可小。有備故也。時晉公子公孫來聘于鄭子產辭不接見又授兵于衆使登城以守似有貳晉心故大叔慮其見討不可小言雖小而不可犯也陴音皮旣晉之邊吏讓鄭曰。鄭國有災。晉君大夫不敢寧居。卜筮走望。不愛牲玉。鄭之有災。寡君之憂也。今執事撊然授兵登陴。將以誰罪。邊人恐懼。不敢不告。卜筮走望言爲鄭卜筮何故有災因偏禱于山川也撊然勁忿也撊閑上子產對曰。若吾子之言。敝邑之災。君之憂也。敝邑失政。天降之災。又懼讒慝之閒謀之。以啓貪人。薦爲敝邑不利。以重君之憂。幸而不亡。猶可說也。不幸而亡。君雖憂之亦無及也鄭有他竟望走在晉旣事晉矣其敢有二心閒謀乘火災之閒以謀伐鄭也薦重也說謂解說治兵之罪他竟謂與他國竟土相接望走在晉言其所瞻望奔走而歸之者惟在晉也杜預氏云傳言子產有備竟音境○楚左尹王子勝言於楚子曰許於鄭仇讎敵也而居楚地以不禮於鄭晉鄭方睦鄭若伐許而晉助之楚喪地矣君盍遷許許本偪於鄭與請遷近楚楚以葉與之故居楚地許事楚故不禮鄭喪去聲許不專於楚鄭方有令政許曰余舊國也鄭曰余俘邑也葉在楚國方城外之蔽也土不可易國不可小許不可俘讎不可啓君其圖之不專楚不專心事楚也子產相鄭上下和易與師以伐人故云有令政鄭與遷許而得其地故許曰余舊國鄭滅許而復存之故鄭曰余俘邑蔽障蔽也土謂葉

易輕也國謂鄭言葉地不可輕易而失之鄭國不可小之而不備許國不可使爲仔因讐敵不可使之開啓

楚子說。冬。楚子使王子勝遷許於析。實白羽。說音悅

經　戊寅　十有九年春。宋公伐邾。○夏五月戊辰。許世子止弑其君買。○己卯。地震。無傳　○秋。齊高發帥師伐莒。○冬。葬許悼公。無傳穀梁傳云日卒時葬不使止爲弑父也

傳　十九年　附錄　春。楚工尹赤遷陰于下陰。令尹子瑕城郟。叔孫昭子曰。楚不在諸侯矣。其僅自完也。以持其世而已。赤工尹名陰郟皆楚邑言楚遷陰城郟皆欲自完守以保持其世無復經畧中原之志也

○附錄　楚子之在蔡也。郹陽封人之女奔之。生大子建。及即位。使伍奢爲之師。費無極爲少師。無寵焉。欲譖

諸王曰建可室矣王爲之聘於秦無極與逆勸王取之正月楚夫人嬴氏至自秦在蔡謂爲大夫時往聘蔡也郹陽蔡邑封人掌封疆之官伍奢舉之子室妻也無極既言可妻又以女美勸王皆欲譖建而先爲之地也王自取之故稱夫人杜預氏云爲下拜夫人起郹扃入大音泰爲去聲與音預○鄅夫人宋向戌之女也故向寧請師二月宋公伐邾圍蟲三月取之乃盡歸鄅俘向寧向戌之子爲前年邾入鄅故請師於宋以伐邾蟲邾邑杜預氏云不書圍取不以告○愚按寧以私戚之故輒請於君而君爲之興師伐國横亦甚矣則以當時列國之政大夫專之故也○夏許悼公瘧五月戊辰飲大子止之藥卒大子奔晉飲大子止之藥言止獨進藥不由醫也大音泰書曰弑其君○愚按三傳皆謂止以不嘗藥故書弑與左氏同而鄭夾漈陳止齋歐陽永叔又皆謂實弑與諸傳㪅別迄無定論蓋古今有

以藥物弒君者霍顯王莽梁冀之徒是也又有雖無弒逆之意而以奇藥誤其君者山人柳泌之徒是也故朱子謂律中醫藥不依本方致殺人者與故殺同悼公之死必此之類止所以書弒以此

君子曰盡心力以事君舍藥物可也言爲人臣子盡心力以事君父足矣藥物有毒惟醫知之非凡夫可用舍之可也止惟不舍藥物所以蒙弒君之名舍音捨

○附錄

邾人郳人徐人會宋公乙亥同盟于蟲終宋公伐邾事

○附錄

楚子爲舟師以伐濮費無極言於楚子曰晉之伯也邇於諸夏而楚辟陋故弗能與爭若大城城父而寘大子焉以通北方王收南方是得天下也王說從之故大子建居于城父令尹子瑕聘於秦拜夫人也濮南夷也費無極欲譖大子故令王伯南方大子居城父以發端云拜夫人爲夫人故遣謝秦也杜預氏云爲明年譖大

子張本〔伹〕音霸〔辟〕音僻〔大〕音泰〔說〕音悅○秋。齊高發帥師伐莒。莒子奔紀鄣。使孫書伐之。齊伐莒以莒不事齊也莒子庚輿也紀鄣莒邑今南直隸贛榆縣有紀鄣城孫書陳無宇之子子占也〔鄣〕音章初莒有婦人。莒子殺其夫。已爲嫠婦。及老。託於紀鄣。紡焉以度而去之。及師至。則投諸外。或獻諸子占。子占使師夜縋而登。登者六十人。縋絶。師鼓譟。城上之人亦譟。莒共公懼。啓西門而出。七月丙子。齊師入紀。寡婦爲嫠紡紡麻作纑也去郎藏也婦人以麻纑度城令長與城齊而藏之以待外攻者欲爲夫報讐也及齊師伐莒婦人繫繩城上而投其所垂于外隨之而出齊師將此婦人獻之子占使師因繩在城而夜縋登焉城上之人謂齊師已登城之人紀郎上紀鄣杜預氏云傳言怨不在大〔嫠〕音釐〔度〕音鐸〔共〕音恭○汪克寬氏曰齊景爭霸之心不下於僖桓而徒討近功汲汲焉

有事於除苦以晏子之賢爲之輔佐而亦不能有所匡正則所謂以其君顯者何足稱哉○附錄

是歲也鄭駟偃卒子游娶於晉大夫生絲弱其父兄立子瑕子產憎其爲人也且以爲不順弗許亦弗止駟氏聳他日絲以告其舅冬晉人使以幣如鄭問駟乞之立故駟氏懼駟乞欲逃子產弗遣請龜以卜亦弗予子游駟偃也絲晉女所生弱幼小也子瑕駟乞也子游之叔父舍子立叔不順于禮許之則違禮止之則違衆故子產弗許亦弗止聳懼也舅晉大夫也龜守龜也（予）上聲大夫謀對子產不待而對客曰鄭國不天寡君之二三臣札瘥夭昏今又喪我先大夫偃其子幼弱其一二父兄懼隊宗主私族於謀而立長親寡君與其二三老曰抑天實

剥亂是吾何知焉諺曰無過亂門民有兵亂猶憚過之而況敢知天之所亂今大夫將問其故抑寡君實不敢知其誰實知之平丘之會君尋舊盟曰無或失職若寡君之二三臣其即世者晉大夫而專制其位是晉之縣鄙也何國之爲不天不爲天所佑也夭死曰札病曰瘥短折曰夭狂惑曰昏言諸臣相繼而夭也大夫繼世爲一宗之主故云宗主族於謀謀於族也長親分長而且親也二三老謂卿大夫是謂駟氏言鄭之君臣以天自欲亂駟氏故隨其所立而不知十三年平丘之會舊盟以失職爲戒若鄭臣之夭而晉大夫得專制之則是鄭國與晉之縣鄙無異其失職已甚豈足爲國喪去聲

隊去聲辭客幣而報其使晉人舍之報使荅其禮也舍置也杜預氏云傳言子産有辭使去聲○愚按立嗣重事也況叔爲之後爲不順乎子産秉國之政迺弗能止以致大國之

問誰之過歟對客之辭則氣誠壯矣然曷若止之於始亦惡用是爲哉○附錄楚人城州來。沈尹戌曰。楚人必敗。昔吳滅州來。子旗請伐之。王曰。吾未撫吾民。今亦如之。而城州來以挑吳。能無敗乎。十三年吳滅州來今楚復取而城之戌莊王曾孫諸梁父也今亦如之言今王不撫其民亦猶前日也挑吳挑釁于吳也侍者曰。王施舍不倦。息民五年。可謂撫之矣。戌曰。吾聞撫民者。節用於內。而樹德於外。民樂其性。而無寇讎。今宮室無量。民人日駭。勞罷死轉。忘寢與食。非撫之也。息民五年謂自十三年即位今始用民城州來其閒息民者凡五年也樹立也宮室無量則不節用民人日駭則有寇讎轉遷徙也勞罷死轉則不樹德忘寢與食則不樂性杜預氏云傳言平王所以不能霸樂音洛罷音皮○附錄鄭大水。龍鬬於時門之外洧淵國人請爲禜焉子產弗許曰我鬭龍不我覿也龍鬭我獨何覿焉禳之則彼其室也吾無求於龍龍亦無求於我乃止也時門鄭城門洧淵洧水之淵禜祈福祭覿見也杜預氏云傳言子產之智洧于執反爲去聲禜音詠

○附錄令尹子瑕言蹶由於楚子曰彼何罪諺所謂室於怒市於色者楚之謂矣舍前之忿可也乃歸蹶由蹶由吳王弟五年靈王執之以歸室室家市市人言靈王怒吳子而執其弟猶人忿于室家而作色於市人舍弃也杜預氏云言楚子能用善言蹶九衛反

經巳卯二十年春王正月○夏曹公孫會自鄸出奔宋無傳會子臧之子鄸采邑鄸音蒙○秋盜殺衛侯之兄縶不書衛公子而斥言衛侯之兄者惡其不能保護其兄乃爲盜所殺縶音執○冬十月宋華亥向寧

華定出奔陳。與君爭而出皆書名惡之○十有一月辛卯。蔡侯廬卒。無傳

【傳】二十年附錄春王二月。己丑。日南至。杜預氏云是歲朔旦冬至之歲也當言正月己丑朔日南至時史失閏閏更在二月後故經因史而書正月傳更具於二月記南至日以正歷也梓慎望氛曰。今茲宋有亂。國幾亡。三年而後弭。蔡有大喪。氛氣弭止也杜預氏云爲宋華向出奔蔡侯卒傳氛音分叔孫昭子曰。然則戴桓也。汏侈無禮已甚。亂所在也。戴族華氏桓族向氏杜預氏云傳言妖由人興○附錄費無極言於楚子曰。建與伍奢將以方城之外叛。自以爲猶宋鄭也。齊晉又交輔之。將以害楚。其事集矣。時建居城父故言將以方城之外叛集成也王信之。問伍

奢。伍奢對曰。君一過多矣。何信於讒。王執伍奢。一過謂王信讒納建妻。王忿其言。故執之。使城父司馬奮揚殺大子。未至而使遣之。三月大子建奔宋。王召奮揚。奮揚使城父人執已以至。王曰。言出於余口。入於爾耳。誰告建也。對曰。臣告之。君王命臣曰。事建如事余。臣不佞。不能苟貳。奉初以還。不忍後命。故遣之。既而悔之。亦無及已。王曰。而敢來。何也。對曰。使而失命。召而不來。是再奸也。逃無所入。王曰。歸。從政如他日。時奮揚在楚。故使往殺大子。奮揚未至城父。先遣大子去。知大子冤也。執已以至。示不逃刑也。曰事建如事余。此平王命奮揚爲司馬之辭。苟貳。苟且而懷二心也。初。初命。還。與旋同。周旋也。後命。謂殺大子之命。而。汝也。奸。犯也。如他日。使復舊職也。大音泰使去聲無極曰奢之子材若在吳必憂楚國盍以免其父召之彼仁必來不然將爲患王使召之曰來吾免而父彼謂伍奢之子仁謂有愛父之心而汝也吾免而父即無極所謂以免其父召之棠君尚謂其弟員曰爾適吳我將歸死吾知不逮我能死爾能報聞免父之命不可以莫之奔也親戚爲戮不可以莫之報也奔死免父孝也度功而行仁也擇任而往知也知死不辟勇也父不可棄名不可廢爾其勉之相從爲愈棠邑今爲南直隸六合江浦二縣奢長子尚爲棠邑大夫員尚弟子胥也知不逮尚以已之知不及員也言我能與父同死而楚以免父見召則我不可以不奔爾能爲父報讐而父以無罪見戮則爾不可以不報度功謂度能成功以度功爲仁仁者貴成功也擇任謂擇任報讐之事

孝與勇謂尚也仁與知謂員也俱去謂奔父父不可弃我是以當奔歸俱死爲廢名名不可廢爾是以當報怨愈差也言比之相從俱死俱奔者爲差勝也〔知〕音智〔度〕音鐸〔辟〕音避伍尚歸。奢聞員不來。曰。楚君大夫其旰食乎。楚人皆殺之。旰日晚也言伍員將爲楚患使楚之君臣不得早食也員如吳。言伐楚之利於州于。公子光曰。是宗爲戮而欲反其讎。不可從也。州于即吳公子僚光即闔廬宗謂員之父兄反復也員曰。彼將有他志。余姑爲之求士。而鄙以待之。乃見鱄設諸焉。而耕於鄙。光將有弑君之心不利員用事故破其議而員亦知已之未得用故先進勇士以求入於光而退居邊鄙以待之鱄設諸勇士也杜預氏云爲二十五年吳弑僚傳〔爲〕去聲〔見〕音現〔鱄〕音專

○附錄宋元公無信多私而惡華向。華定。華亥與向寧謀曰。亡愈於死。先諸。華亥僞

有疾。以誘群公子。公子問之。則執之。亾愈於死言作亂而亾猶愈于坐待其死先諸先作亂也[惡]去聲　夏六月。丙申。殺公子寅。公子御戎。公子朱。公子固。公孫援。公孫丁。拘向勝。向行。於其廪。公如華氏請焉。弗許。遂刼之。癸卯。取大子欒與母弟辰。公子地以爲質。公亦取華亥之子無慼。向寧之子羅。華定之子啓。與華氏盟。以爲質。公子寅以下八子皆公黨欒即景公辰地皆元公子杜預氏云爲此冬華向出奔傳[大]音泰[質]音至　○衛公孟縶狎齊豹。奪之司寇與鄄。有役則反之。無則取之。公孟惡北宫喜。褚師圃。欲去之。公子朝通于襄夫人宣姜。懼而欲以作亂。故齊豹。北宫喜。褚師圃。公子朝作亂。公孟縶靈公兄也狎輕也豹齊惡之子爲衛司寇鄄豹邑縶奪豹之官與邑以足不良故有征役則反豹官邑使行無則縶又自取之公孟即公孟縶北宮喜褚師圃皆衛大夫宣姜靈公嫡毋涎于朝因以共亂〔鄄〕音絹〔惡〕去聲

初齊豹見宗魯於公孟。爲驂乘焉。將作亂而謂之曰。公孟之不善。子所知也。勿與乘。吾將殺之。對曰。吾由子事公孟。子假吾名焉。故不吾遠也。雖其不善。吾亦知之。抑以利故不能去。是吾過也。今聞難而逃。是僭子也。子行事乎。吾將死之。以周事子。而歸死於公孟。其可也。見謂薦也宗魯豹友豹欲殺公孟故戒令勿與乘假借也名善名言子借我以善名故公孟親我借不信也言使子借我之言不信也行事謂欲殺之周完也言吾寧死不洩子之言以完事子〔見〕音現〔難〕去聲

丙辰。衛侯在平壽。公孟有事於蓋獲之門外。

齊子氏帷於門外而伏甲焉。使祝鼃寘戈於車薪以當門。使一乘從公孟以出。使華齊御公孟。宗魯驂乘。及閎中。齊氏用戈擊公孟。宗魯以背蔽之。斷肱。以中公孟之肩。皆殺之。平壽衛下邑有事祭也蓋獲衛郭門齊子氏豹也豹家設帷於蓋獲門外而伏甲於其中祝鼃豹之黨寘戈於車薪以要公孟使不得前也使一乘亦如前車寘戈於薪使不得後也華齊亦豹黨閎巷門也鼃音哇中去聲下同公聞亂。乘驅自閱門入。慶比御公。公南楚驂乘。使華寅乘貳車。及公宮。鴻駵魋駟乘于公。公載寶以出。褚師子申遇公于馬路之衢。遂從。過齊氏。使華寅肉袒執蓋以當其闕。齊氏射公。中南楚之背。公遂出。寅閉郭門。踰而從公。公如死鳥。

析朱鉏宵從竇出。徒行從公。乘驅乘車疾驅也閱門衛城門慶比公南楚華寅衛三臣貳車公副車也鴻駵魋亦衛臣復就公乘四人共一車故云駟乘子申亦衛臣從從公出也肉袒示以必死也闕空也執蓋以當侍從之闕欲蔽公也閉郭門恐追公也踰踰郭而出死鳥衛地析朱鉏黑背之孫竇穴也駵音留魋音頹射音石齊侯使公孫青聘于衛既出聞衛亂。使請所聘。公曰。猶在竟內。則衛君也。乃將事焉。遂從諸死鳥。請將事。辭曰。亾人不佞。失守社稷。越在草莽。吾子無所辱君命。賓曰。寡君命下臣於朝。曰。阿下執事。臣不敢貳。主人曰。君若惠顧先君之好。照臨敝邑。鎮撫其社稷。則有宗祧在。乃止。青頃公之孫將事行聘事也賓卽青也阿比也命巳使比衛之臣下也貳違命也主人衛人也受聘當在宗祧故云宗祧在止不行聘事也〔射〕音石〔竟〕音境〔好〕去聲衛侯固請見之。不獲命。以其良馬見。爲未致使故也。衛侯以爲乘馬。青若已致君命則享有庭實復有私覿私面之禮今未致使故不敢以客禮見而但以良馬爲相見之禮衛侯喜青敬己爲乘馬以貴之〔爲〕〔使〕並去聲賓將掫。主人辭曰。亾人之憂。不可以及吾子。草莽之中。不足以辱從者。敢辭。賓曰。寡君之下臣。君之牧圉也。若不獲扞外役。是不有寡君也。臣懼不免於戾。請以除死。親執鐸。終夕與於燎。將請也掫夜行也君之牧圉言當執牧牛圉馬之役扞外役謂掫也請請掫也除免也燎設火燎以守備也〔掫〕鄒上〔與〕音預齊氏之宰渠子召北宮子。北宮氏之宰不與聞謀。殺渠子。遂伐齊氏滅之。北宮子喜也渠子召喜同叛因其宰不與聞即殺渠子滅齊氏丁巳晦。公入與北宮喜盟于彭水之上。秋七月戊午朔，遂盟國人。八月辛亥，公子朝、褚師圃、子玉霄、子高魴出奔晉。閏月戊辰，殺宣姜。衛侯賜北宮喜謚曰貞子，賜析朱鉏謚曰成子，而以齊氏之墓予之。喜始與齊氏同亂，終歸于正，故公先與喜盟。朝等四人皆齊氏黨，故出奔晉。殺宣姜，以與公子朝通也。謚喜以滅齊氏故，謚朱鉏以霄從公故，皆未歿而賜謚。衛侯告寧于齊，且言子石。齊侯將飲酒，徧賜大夫曰：二三子之教也。苑何忌辭曰：與於青之賞，必及於其罰。在康誥曰：父子兄弟，罪不相及，況在群臣？臣敢貪君賜以干先王？子石即青，言其有禮。齊侯喜青敬衛侯，故功歸于二三子之教。苑何忌，齊大夫。康誥，尚書篇。其曰父子兄弟罪不相及，非康誥全文，乃撮其語也。干，犯也。言受賜則犯康

誥之義

琴張聞宗魯死，將往弔之。仲尼曰：齊豹之盜，而孟縶之賊，女何弔焉？君子不食姦，不受亂，不爲利疚於回，不以回待人，不蓋不義，不犯非禮。琴張孔子弟子衛人疚病回邪也仲尼言宗魯是豹畜養之盜縶見殺之賊也蓋孟縶不善而受其祿是食姦也許齊豹行事是受亂也以利故不能去是病其身於回邪也知難而不以告於孟縶是以回邪待人也殺身以周事豹是欲自蓋其不義也歸死孟縶是死不合義爲犯非禮也凡此數者皆非君子所爲也〔女〕音汝〔疚〕居又反○愚按宗魯欲周事豹而死于公孟縶謂食姦受亂蓋不義犯非禮此萬世公案也然其心則自謂忠於縶信於豹故以死自明其無他似非手刃殺人者之比而誅者乃因仲尼之言遂以春秋書盜歸之則聖人用刑毋寧舍豹首惡不誅而治茲不幸陷罪者乎蓋昭三十一年傳云齊豹作而不義其名爲盜左氏已有成論第弗深考爾

○宋華向之亂，公子城、公孫忌、樂舍、司馬

疆。向宜。向鄭。楚建。郳甲出奔鄭。其徒與華氏戰于鬼閻。敗子城。子城適晉。城平公子舍樂喜孫宜鄭皆向戌子建楚之亾大子郳甲小邾穆公子與忌疆等八子皆宋大夫元公之黨其徒八子之徒衆也鬼閻在今河南西華縣境子成本與七子奔鄭爲華氏所敗故别走至晉杜預氏云爲明年子城以晉師至起本郳音宜

華亥與其妻必盥而食所質公子者而後食。公與夫人每日必適華氏食公子而後歸。華亥患之。欲歸公子。向寧曰。唯不信。故質其子。若又歸之。死無日矣。不信謂不信元公食所食公倶音副質音至

公請於華費遂。將攻華氏。對曰。臣不敢愛死。無乃求去憂而滋長乎。臣是以懼。敢不聽命。公曰。子死亾有命。余不忍其詢。費遂大司馬雖華氏族頗忠於公滋益攻言華氏求

去其憂恐殺質子反益其憂也子謂質子詬恥辱也(長)上聲(詬)音侯冬十月公殺華向之質而攻之戊辰華向奔陳華登奔吳向寗欲殺大子華亥曰干君而出又殺其子其誰納我且歸之有庸使少司寇牼以歸曰子之齒長矣不能事人以三公子爲質必免公子既入華牼將自門行公遽見之執其手曰余知而無罪也入復而所登費遂之子黨華向者大子謂所質欒等干犯也庸功也牼華亥庶兄以歸歸三質子也事人謂事他國質信也送三公子歸以自明不叛之信行出奔也而汝也所所居之位(大)音泰(牼)音坑(質)如字○附錄齊侯疥遂痁期而不瘳諸侯之賓問疾者多在梁丘據與裔款言於公曰吾事鬼神豐於先君有加矣今君疾病爲諸侯

憂。是祝史之罪也。諸侯不知。其謂我不敬。君盍誅於祝固史嚚以辭賓。疥當作痎字之誤兩日一發之瘧也痁瘧頻日瘧也以小致大因痎而變成痁也期期月也梁丘據裔款皆齊嬖大夫有加言過於先君也固祝官名嚚史官名辭賓辭謝來問疾之賓【疥】音介【痁】音店【期】音基【瘳】音抽　公說。告晏子。晏子曰。日宋之盟屈建問范會之德於趙武。趙武曰。夫子之家事治。言於晉國。竭情無私。其祝史祭祀。陳信不愧。其家事無猜。其祝史不祈。建以語康王。康王曰。神人無怨。宜夫子之光輔五君。以爲諸侯主也。日往日也宋盟在襄二十七年趙武言士會之家事可對人言竭盡無隱士會之祝史告神辭皆陳實事無虛美可愧由其家無猜疑之事故祝史無祈求於鬼神康王楚王也五君文襄靈成景也晏子述屈建康王之言而不明其旨蓋欲公之發問以

卒之也 說音悅 公曰據與款謂寡人能事鬼神故欲誅於祝史子稱是語何故對曰若有德之君外内不廢上下無怨動無違事其祝史薦信無愧心矣是以鬼神用饗國受其福祝史與焉其所以蕃祉老壽者爲信君使也其言忠信於鬼神其適遇淫君外内頗邪上下怨疾動作辟違從欲厭私高臺深池撞鍾舞女斬刈民力輸掠其聚以成其違不恤後人暴虐淫從肆行非度無所還忌不思謗讟不憚鬼神神怒民痛無悛於心其祝史薦信是言罪也其蓋失數美是矯誣也進退無辭則虛以求媚是以鬼神不饗其國以禍之

祝史與焉。所以夭昏孤疾者，爲暴君使也。其言僭嫚於鬼神。内外謂家國不廢無廢事也上謂在位下謂庶民無違事無違理之事薦信以誠信告鬼神也無愧心以君功德備其陳說也與與受國福也蕃庶祉福也信實也言祀史獲福以其爲信實之君所使故其告于鬼神者皆忠信之言也頗偏辟邪也違背理也從欲放縱其嗜欲也厭私厭足其私情也斬刈欲割削也輸墮也掠奪去也違違邪也後人謂子孫行非度行非法度之事也還猶顧也悛改葢掩也言淫君所爲如此而祝史以其實告神是言君之罪也不言而掩葢其失妄數其美是矯詐以罔其神也進則矯誣退則言罪無所措其辭說故于是作虛辭以求媚于神僭不信也嫚欺也【與】音預【爲】去聲【頗】音披【辟】音僻【從】【厭】俱去聲【刈】音乂【數】上聲 公曰：然則若之何？對曰：不可爲也。山林之木，衡鹿守之；澤之萑蒲，舟鮫守之；藪之薪蒸，虞候守之；海之鹽蜃，祈望守之。縣鄙之人，入從其政偪介之關暴征其私承嗣大夫強易其賄布常無藝徵斂無度宮室日更淫樂不違内寵之妾肆奪於市外寵之臣僭令於鄙私欲養求不給則應民人苦病夫婦皆詛祝有益也詛亦有損聊攝以東姑尤以西其爲人也多矣雖其善祝豈能勝億兆人之詛君若欲誅於祝史脩德而後可不可爲言非誅祝史所能治也萑荻蒲柳也粗曰薪細曰蒸蜃蛤也衡鹿舟鮫虞候祈望皆官名言公立此四官禁守山澤之利不與民共縣外縣鄙近鄙介偪也承嗣大夫繼世爲大夫也言縣鄙之人旣入服公政迫近於關者又暴征其私物世爲大夫者又強易其貨賄布施也常尋常之政無藝無法度也違去肆恣也僭令詐爲令也養長也言此嬖寵之臣妾私有所欲長養其情所求不給則抵之以罪詛詛其上言縱使祝史祝其君果有益而得福則彼夫婦

皆誣其君亦將有損而召禍也聊攝二城名齊東界在今山東聊城縣姑尤二水名齊西界在今山東萊州萬萬曰億萬億曰兆時田氏務施而景公復肆暴于民以驅之故晏子因事以納諫如此翟音尢〔鮫〕音交〔鹽〕巾彰反○孫應鰲氏曰此可垂戒于後之不求治于民而求福于神者

公說使有司寬政毀關去禁薄斂已責已責除逋責也〔說〕音悅斂去聲○附錄

十二月齊侯田于沛招虞人以弓不進公使執之辭曰昔我先君之田也旃以招大夫弓以招士皮冠以招虞人臣不見皮冠故不敢進乃舍之沛澤名時齊侯疾愈故田于沛虞人掌山澤之官周禮孤卿建旃故以旃招大夫詩翹翹車乘招我以弓故以弓招士諸侯服皮冠以田虞人掌田獵故以皮冠招虞人

仲尼曰守道不如守官君子韙之言君招當往固道之常而非物不進乃官之制故孔子以為守道者不若虞人之守官也韙是也〔韙〕于鬼反○傳遜

氏曰宫與道豈二乎楙子以爲非夫子之言必矣〇附錄齊侯至自田晏子侍于遄臺子猶馳而造焉公曰唯據與我和夫晏子對曰據亦同也焉得爲和公曰和與同異乎遄臺臺名在今山東臨朐縣西子猶梁丘據也遄市專反對曰異和如羹焉水火醯醢鹽梅以烹魚肉燀之以薪宰夫和之齊之以味濟其不及以洩其過君子食之以平其心君臣亦然君所謂可而有否焉臣獻其否以成其可君所謂否而有可焉臣獻其可以去其否是以政平而不干民無爭心故詩曰亦有和羹既戒既平鬷嘏無言時靡有爭醯酢也醢肉醬也水火燥濕不同性醯醢鹽梅不同味燀炊也齊之者使酸鹹適乎也濟益也濟益其味之不足者

洩臧也洩臧其味之大過者平其心言味和則心自平也亦然亦如羹也干犯也民不相干犯也詩商頌烈祖篇鬷總假大也言中宗非自賢明亦由賢臣與其君可否相濟如宰夫之和羹既敬戒其事復和平其心于是中宗總有大政上下皆無怨言而當時之民心亦無爭鬭之事[彈]音闡[鬷]音騣[嘏]古雅反

先王之濟五味和五聲也以平其心成其政也聲亦如味一氣二體三類四物五聲六律七音八風九歌以相成也清濁小大短長疾徐哀樂剛柔遲速高下出入周疏以相濟也君子聽之以平其心心平德和故詩曰德音不瑕濟成也一氣陰陽也二體文武舞也三類風雅頌也四物律度量衡也五聲宮商角徵羽也六律黃鍾大簇姑洗蕤賓夷則無射爲六陽律大呂夾鍾仲呂林鍾南呂應鍾爲六陰律七音以五音而加變宮變徵也八風八方之風詳見隱公五年六府三事之功皆可歌故謂之九歌六

府水火金木土穀也三事正德利用厚生也言此九者合然後相成爲和樂也周密也清濁以下凡十事言樂聲如此相反以成其音亦猶羹之水火相反君臣之可否相濟者也詩邠風狼跋篇不瑕不可疵瑕也義取心平則德無有瑕闕以上二節言和之異于同 今據不然君所謂可據亦曰可君所謂否據亦曰否若以水濟水誰能食之若琴瑟之專壹誰能聽之同之不可也如是 專壹謂專用一聲不成樂也此節言同之異于和

飲酒樂公曰古而無死其樂若何晏子對曰古而無死則古之樂也君何得焉昔爽鳩氏始居此地季萴因之有逢伯陵因之蒲姑氏因之而後大公因之古若無死爽鳩氏之樂非君所願也 爽鳩氏少皞氏司寇季萴虞夏諸侯逢伯陵殷諸侯蒲姑氏殷周閒諸侯今山東臨朐縣伯陵祠博興縣

有蒲姑城言自爽鳩氏以來皆代居此地若謂古人無死則始居此地者當常享其樂非吾君所可願而得也杜預氏云齊侯樂于所樂志于不死晏子稱古以節其情願〔樂〕音洛〔大〕音泰〔漸〕仕側反○愚按晏子和同之辯匪特關于治理且以廣夫子論語之旨

○附錄　鄭子產有疾謂子大叔曰我死子必爲政唯有德者能以寬服民其次莫如猛夫火烈民望而畏之故鮮死焉水懦弱民狎而翫之則多死焉故寬難疾數月而卒子產死惟大叔賢故知必代已狎輕也難難以治也〔大〕音泰下同　大叔爲政不忍猛而寬鄭國多盜取人於萑苻之澤大叔悔之曰吾早從夫子不及此興徒兵以攻萑苻之盜盡殺之盜少止取人劫人也萑苻澤名〔萑〕音丸〔苻〕音蒲　仲尼曰善哉政寬則民慢慢則糾之以猛猛

則民殘。殘則施之以寬。寬以濟猛。猛以濟寬。政是以和。糾猶攝也詩曰。民亦勞止。汔可小康。惠此四國。以綏四方。施之以寬也。詩大雅民勞篇止語辭汔其也康綏皆安也言厲王暴虐民甚矣其可以小安之施惠此中國以安夫四方此詩蓋欲其施之以寬也〔汔〕音入毋從詭隨。以謹無良。式遏寇虐。慘不畏明。糾之以猛也。亦民勞篇詭隨不顧是非詭妄隨人也謹斂束之意無良不良人也式用遏止慘曾也明天之明命言毋得縱此詭隨者以斂束彼無良者嚴爲刑威用以止遏寇虐者以及夫曾不畏明法者此詩蓋欲其糾之以猛也〔毋〕音無〔從〕音縱柔遠能邇。以定我王。平之以和也。亦民勞篇柔寬而撫之也能擾而習之也有剛柔意王謂王室此詩蓋欲其平之以和也又曰。不競不絿。不剛不柔。布政優優。百祿是遒。和之至也。又詩商頌長發篇競強絿緩也優優和也遒聚

也言湯政適中故爲百祿所聚此詩蓋言其和之至也

及子産卒。仲尼聞之出涕曰。古之遺愛也。

言子産愛民有古人遺風孔叢子云鄭子産死鄭人丈夫捨玦珮婦人捨珠玉夫婦巷哭三月不聞琴瑟之聲○黄震氏曰鄭小國介於晉楚服晉則楚伐服楚則晉伐乃子産執政兩事晉楚國安靜者數十年此鄭人悲之如巳親戚而孔子亦泣爲古之遺愛也

春秋左傳註評測義卷之五十五終